MONDO

Un percorso alla scoperta
del Buddismo
e della Soka Gakkai

CREMONA
27.05.2011

Good luck
for everything!
^ ^

ISTITUTO BUDDISTA ITALIANO
SOKA GAKKAI

Pubblicazione a cura dell'Istituto Buddista Italiano Soka Gakkai
con sede in via di Bellagio 2/E – 50141 Firenze

Edito in proprio dall'Istituto Buddista Italiano Soka Gakkai

Finito di stampare nel mese di dicembre 2006 presso
Free Books S.r.l. - Città di Castello (PG)

ISBN 88-88155-03-1

La *prima volta che mi parlarono di Buddismo non capii granché. Forse succederà anche a voi. Ma non c'è da preoccuparsi: in fondo è una religione con duemilacinquecento anni di storia, che affronta il mistero della vita. Un tema piuttosto complesso. Già, la vita è una cosa davvero misteriosa, anche nelle vicende di tutti i giorni. I problemi non mancano mai: a volte ci sentiamo imprigionati dalle situazioni spiacevoli; altre volte cerchiamo di fuggire da una realtà dura e complicata. A volte invece tocchiamo il cielo con un dito e tutto diventa subito leggero e luminoso. Ci sentiamo forti: le tempeste non ci fanno paura; la gioia o la serenità ci avvolgono per un po'. Poi però ci facciamo trascinare o sommergere dalle sofferenze che piombano inaspettate; combattiamo per restare a galla, per inseguire un desiderio, un sogno. E poi si ricomincia.*

Il Buddismo serve per risolvere i problemi, per vivere un'esistenza piena e soddisfacente, qui e adesso. E serve anche per liberarsi dalle corazze che ingabbiano il nostro essere, quelle che spesso ci impediscono di trovare un ruolo, una dimensione, un senso in questa vita. Qualcuno obietterà che basterebbe ritirarsi su un monte in placida meditazione per sentirsi in pace, ma poi la vita reale e quotidiana è altro. Infatti.

Il Buddismo insegnato da Nichiren Daishonin (si pronuncia Nìciren Daisciònin), del quale parleremo, si occupa proprio della vita quotidiana. Non che manchino temi più strettamente spirituali, anzi. Ma ci arriveremo pian piano. In fondo, che cosa vorremmo tutti? Una vita felice. A chi non piacerebbe poter affrontare ogni giornata con la voglia di sorridere? Gioia, serenità, pace, sicurezza: cose inseguite da sempre, ma che spesso sembrano sfuggire di mano, perdendosi nei meandri delle complicazioni quotidiane, nei piccoli e grandi drammi dell'esistenza. I millenni passano, il progresso avanza, ma i problemi fondamentali del genere umano sembrano essere immutabili, le grandi domande sempre le stesse: cos'è la vita? Cos'è la morte? Dove si trova la felicità?

La prima volta che sentii parlare del Buddismo mi lessero una frase di Daisaku Ikeda, filosofo buddista e guida della Soka Gakkai, il movimento internazionale che si richiama all'insegnamento di Nichiren Daishonin: «Il Buddismo affronta il mistero della vita spiegando la relazione fra la vastità del cosmo e la profondità dello spirito umano. Si occupa quindi dell'infinita potenzialità dell'essere umano, fornendo un mezzo per manifestarla e quindi usarla per superare le sofferenze della vita».

Parole affascinanti, ma il concetto mi sfuggiva. La vita di ogni giorno è già abbastanza difficile: problemi economici, di relazione con gli altri, l'insorgere di una malattia, la morte di una persona cara... Se poi ci confrontiamo con questioni del tipo: «Che cosa ci facciamo nell'universo?», rischiamo di perderci, di non trovare risposte adeguate. Quando parliamo dei misteri della vita non possiamo capire tutto e subito, e anche per mettere un po' d'ordine nell'infinita e affascinante teoria buddista possono volerci anni. Ma bastano invece pochi minuti per decidere di verificare praticamente se funziona o no. È difficile crederci senza sperimentarla. Così, un po' per le insistenze di un'amica, un po' per curiosità, andai a quella riunione introduttiva.

un incontro interessante

Quella sera si era instaurato una specie di dibattito. Ma lo scetticismo mi prese quasi subito. È normale, no?

«La teoria assolutamente rivoluzionaria che sta alla base di questa pratica buddista è che ogni essere umano possiede uno stato vitale illuminato, definito Buddità, che tende verso il raggiungimento di una felicità vera, profonda e assoluta, la quale va al di là delle circostanze negative che si possono incontrare nel corso della vita. Questo stato permette di affrontare e superare le sofferenze, stimolando e rafforzando le nostre infinite capacità, che a volte restano latenti e che spesso non crediamo neanche di possedere».

A quelle parole rimasi un po' così... Secondo me dicevano tutto e niente. In fondo, discorsi del genere sulle energie, le potenzialità, il pensiero positivo, se ne sentono parecchi. Ma dopo un po' capii meglio cosa volevano comunicarmi.

Il Buddismo di Nichiren Daishonin è un mezzo per realizzare i desideri, i sogni, risolvere i problemi, superare le sofferenze. E per sperimentarlo non c'è bisogno di fuggire dalla dura realtà quotidiana, isolandosi dal mondo. Non è richiesto di affidarsi a un essere superiore. Non sono previste regole rigide a cui conformarsi, o rinunce alla propria identità. Non viene suggerito di vestirsi in modi particolari. Non ci sono seminari a pagamento da seguire. Non c'è bisogno di avere una particolare predisposizione o una preparazione culturale. In compenso funziona per tutti, agendo positivamente sulla nostra vita, con le sue mille difficoltà da affrontare, la miriade di piccole gioie che spesso ci sfuggono di mano.

No, non è una formula magica; si tratta semplicemente del Buddismo, così come venne spiegato da Nichiren Daishonin, monaco giapponese del tredicesimo secolo. Una pratica da cui in qualunque situazione si può trarre beneficio: quando si sprofonda nella disperazione, ma anche quando ci si sente a posto; perché al miglioramento non c'è limite. È una pratica che funziona per tutti, perché la soluzione a ogni problema è già pronta dentro di noi. Dove? Nell'infinita potenzialità dell'essere umano. Basta avere a disposizione il giusto mezzo per manifestarla. Questa potenzialità non è nient'altro che l'inesauribile energia della vita che fluisce dentro e fuori di noi; un oceano interiore di forza vitale che genera e permea tutti i fenomeni dell'universo e di cui noi siamo parte integrante, cellule di un organismo vivente più complesso.

Proprio come ogni essere umano può tirare fuori da dentro di sé gioia, collera, tranquillità, in risposta a uno stimolo appropriato, allo stesso modo può attingere alla fonte interiore che è in grado di rigenerare il suo spirito e il suo corpo con un'ondata positiva e rivitalizzante. Un'ondata che di conseguenza si riverserà anche in tutti gli aspetti della sua vita quotidiana.

Per aprire questa invisibile porta dentro di noi basta recitare Nam-myoho-renge-kyo ogni giorno. Ma non si tratta di un incantesimo o di una pratica meditativa per autoconvincersi. Questa frase racchiude in sé l'essenza del Buddismo, la Legge dell'universo rivelata dal Budda nel Sutra del Loto duemilacinquecento anni fa.

Mi vennero in mente una considerazione e alcune domande: l'idea che prima avevo del Buddismo era francamente un po' diversa. Lo vedevo come una religione che prevede regole severe di comportamento, al limite dell'ascetismo; e che, in certi casi, porta a estraniarsi dalla società. Ma qui la faccenda sembrava completamente diversa. Il che non mi dispiaceva.

E ora le domande:

1) Chi è il Budda e cos'è il Sutra del Loto?

2) Cos'è la Legge dell'universo?

3) Cosa significa Nam-myoho-renge-kyo?

un po' di storia

Il Buddismo è nato per rispondere all'esigenza di tutti gli esseri umani: come superare le sofferenze e vivere un'esistenza realizzata e soddisfacente. Nell'India del 500 a.C. Siddharta, dopo anni di ricerche e meditazioni, intuì finalmente la causa del problema: gli esseri umani soffrono perché la loro visione della realtà è falsata. Di conseguenza, le loro stesse azioni li portano inconsapevolmente verso l'infelicità. Si avventurano nel percorso dell'esistenza come chi si muove nell'oscurità armato solo di una piccola candela che rischiara a malapena ciò che lo circonda. Tutt'intorno un mondo di ombre, incertezze, paure, passi falsi, sofferenze. Ma l'essere umano ha la possibilità di illuminare il suo cammino. Ecco allora il termine Budda ("illuminato", in sanscrito).

Siddharta (chiamato anche Shakyamuni, cioè "il saggio degli Shakya", dal nome del suo popolo) insegnò la via per illuminare la propria esistenza e vivere in armonia con l'ambiente nell'arco di oltre 40 anni di predicazione. Il Sutra del Loto è uno dei suoi ultimi insegnamenti. In esso rivela l'esistenza di una forza vitale universale che genera, permea e regola tutti i fenomeni della vita. Ogni essere umano – egli dice – indipendentemente da razza, sesso, cultura o epoca in cui vive, possiede in sé questa condizione vitale illuminata (definità Budditià), così come in ognuno sono presenti altri stati vitali che si manifestano nelle varie forme dell'umana natura (collera, avidità, gioia, sofferenza e così via).

La Buddità rappresenta il potenziale per lo sviluppo di una illimitata energia positiva che, attingendo dall'inesauribile fonte della vita universale di cui l'individuo è parte integrante, porta verso uno stato di felicità, permettendo il superamento delle umane sofferenze e sviluppando una naturale compassione per gli altri.

Nel Giappone del XIII secolo: in un paese dove ormai da tempo fiorivano innumerevoli correnti e scuole di pensiero buddista, Nichiren Daishonin – giovane monaco con una particolare vocazione per lo studio – visita i principali templi per comprenderne a fondo le varie dottrine. Dopo quindici anni di ricerca arriva a stabilire un nuovo tipo di pratica, basata sugli insegnamenti del Budda Shakyamuni e le successive interpretazioni date da grandi studiosi e filosofi indiani, cinesi e giapponesi. Nichiren affermò che l'essenza di questa dottrina è contenuta nella frase Nam-myoho-renge-kyo (Myoho-renge-kyo è il titolo del Sutra del Loto nella sua versione cinese del 406 d.C., generalmente riconosciuta come la più completa e autorevole fra le tante traduzioni).

La recitazione di questa frase risveglia progressivamente la propria natura illuminata. Questo risveglio libera un'energia positiva interiore che consente di vedere la realtà – e quindi viverla e affrontarla – in un modo nuovo. Un cambio di prospettiva che porta benèfici effetti concreti nella vita quotidiana, dentro e fuori di noi.

La frase che viene recitata ha il potere di arrivare a qualcosa di profondo e sconosciuto dentro di noi, irraggiungibile dall'io razionale. Anche la psicanalisi parla di inconscio, una dimensione profonda e misteriosa dentro di noi. Potremmo anche definirla "anima", senza alcuna implicazione religiosa del termine: un livello – come dice lo psicanalista Carl G. Jung – dove parlare di estensione dello spazio e scorrere del tempo non ha senso. Una dimensione vastissima, che non si può etichettare con le parole, e dove si realizzano cose che riteniamo impossibili. Ma impossibili per chi? Per la nostra mente razionale, che lavora senza posa per classificare, definire, inquadrare, mettere limiti.

la Legge dell'universo

Noi siamo l'universo e l'universo è dentro di noi. Inafferrabile. Difficile capirlo con la mente razionale. Impossibile percepirlo con gli occhi. In effetti vediamo, o meglio, percepiamo solo una minima parte della realtà in cui siamo immersi. Per usare le parole dell'astrofisico Carl Sagan, uno dei più grandi divulgatori scientifici dei nostri tempi: «Noi viviamo la nostra vita quotidiana senza comprendere quasi nulla del mondo».

Prima di tutto siamo immersi nell'universo. I telescopi più avanzati hanno scoperto finora 100 miliardi di galassie. La nostra – la Via Lattea – è una di queste, e la luce impiega 100mila anni per andare da un capo all'altro, percorrendo ogni anno l'inconcepibile distanza di 9.500 miliardi di chilometri. La Via Lattea è composta a sua volta da centinaia di miliardi di stelle, fra cui il Sole, che impiega 225 milioni di anni per compiere un'orbita completa intorno al centro della Galassia. La Terra su cui viviamo è un puntino che ruota su se stesso a migliaia di chilometri orari, sfrecciando fulminea nello spazio. Dopo il Sole, la stella a noi più vicina è Alfa Centauri, che è a 40.850 miliardi di chilometri di distanza.

Ed eccoci coi piedi per terra – è il caso di dirlo – perché una forza invisibile, la gravità, ci impedisce di volare via. Le insondabili profondità dell'inconscio ci sfuggono; l'infinita vastità dello spazio ci sfugge. Milioni di pensieri sfrecciano come meteore dentro di noi: luminosi, limpidi, leggeri; e poi fastidiosi come tempeste di sabbia, cupi e dannosi come nubi di smog. I ricordi si depositano, sedimentano, si stratificano, tornano a galla. Miliardi di cellule lavorano incessantemente in un'armonia di inimmaginabile complessità. Solo per far funzionare i polmoni ne servono 300 milioni. Se si potessero mettere in fila tutti i vasi sanguigni di un corpo umano, questi si estenderebbero per 96mila chilometri, coprendo due volte la circonferenza della Terra.

Nella regione dell'invisibile le emozioni creano tempeste, terremoti, inondazioni, albe radiose. A volte siamo un tramonto languido, un cielo terso e maestoso, una nebbia malinconica. A volte dentro di noi cala la notte. Ci sentiamo vasti come un panorama montano o angusti come un cunicolo cieco. Leggeri come una brezza o pesanti come una stella di neutroni, con i suoi 10 milioni di tonnellate per centimetro cubo.

Un'ora può essere eterna; un anno può andarsene in un lampo. L'angoscia dilata il presente, la speranza ci proietta nel futuro. I nostri occhi possono vedere il passato: il sole è già tramontato da qualche minuto quando lo vediamo scomparire all'orizzonte. E il tempo è relativo: può essere percepito in modo diverso ma può anche scorrere in modi differenti secondo le situazioni, come ha spiegato Einstein.

Miliardi di vite si intrecciano dentro e fuori di noi, attraversate da energie invisibili. Una pietra è fatta di atomi. La composizione chimica di base è la stessa: siamo fatti di carbonio, idrogeno, ossigeno...

come un fiore, un granello di polvere, un pianeta. Siamo pezzi di stelle che contemplano le stelle.

Scriveva il poeta William Blake, in *Auguries of Innocence*:

Vedere il mondo in un granello di sabbia
E il cielo in un fiore di campo,
Tenere l'infinito nel palmo della tua mano,
E l'eternità in un'ora.

Ciò che chiamiamo vita comprende l'infinito movimento di questa enorme estensione di spazio e tempo, con il suo ritmico ciclo di nascita e morte cui tutti siamo soggetti: esseri umani, alberi, stelle... Un movimento che è trasformazione, vibrazione continua. L'energia, la luce, il mare, i pensieri, le orbite dei pianeti: c'è un ritmo vitale alla base di tutto, musica, suono, armonia.

nam-myoho-renge-kyo

Si pronuncia "Nam mioho renghe chiò". Nichiren Daishonin asserì che questa è la Legge della vita, la formula essenziale che racchiude il ritmo dell'universo; la pulsante e misteriosa energia che è alla base di tutti i fenomeni. L'inafferrabile essenza della realtà. Recitare Nam-myoho-renge-kyo ci mette in comunicazione, in sintonia con tutto questo. Come un suono che fa vibrare una corda nascosta dentro di noi.

Nam deriva dal sanscrito, il resto è cinese classico. Per una traduzione approfondita ci vorrebbe un libro intero, perché ognuno dei sette caratteri che compongono questa frase ha un profondo significato filosofico. Qui ci basta accennare che a grandi linee significa: "Entrare in armonia con la Legge dell'Universo attraverso il suono".

In particolare, *nam* significa "dedicare", "offrire" la propria vita, "congiungerla" con il ritmico e armonioso flusso di energia vitale universale.

Due dei significati di *myo* sono "aprire" e "rivitalizzare". Cioè aprire la nostra vita, come un fiore che finalmente riceve l'acqua e la luce per sbocciare. Aprendo questa porta nascosta dentro di noi, e attingendo all'infinita energia rivitalizzante, possiamo influenzare positivamente, aiutare concretamente anche gli altri.

Ho è ciò che si trasforma, il fenomeno visibile;

myo è la forza invisibile che sta alla base e genera la trasformazione.

Myoho rappresenta il ciclo di vita e morte, l'eterno ritmico alternarsi della fase visibile e invisibile, manifesta e latente di ogni fenomeno; quella dimensione, quel funzionamento regolato da una legge misteriosa, che va al di là della nostra comprensione. È il punto di partenza del Buddismo: il misterioso ritmo del mutamento continuo di tutte le cose, della loro impermanenza. Il ciclo dove niente si distrugge, ma tutto si trasforma: un pensiero, un'emozione, noi stessi, le onde del mare, le foglie di un albero...

Scrive Nichiren Daishonin: «Concepire la vita e la morte come due realtà separate vuol dire essere presi nell'illusione di nascita e morte. È un modo di pensare illuso e rovesciato. Quando si esamina la natura della vita con perfetta Illuminazione, si scopre che non c'è nessun inizio a marcare la nascita e, quindi, nessuna fine che significa morte. Così concepita, la vita non trascende forse nascita e morte? La vita non può esser consumata dal fuoco, né può essere travolta dalle inondazioni. Non può essere tagliata dalle spade né trafitta dalle frecce. Può stare dentro un seme di senape senza che questo si espanda o che la vita si contragga. Anche se riempie la vastità dello spazio, questo non è troppo ampio ed essa non è troppo piccola».

Renge rappresenta la simultaneità della causa e dell'effetto. Il fatto che quel che siamo o quel che ci accade è sempre riconducibile a una causa che sta dentro di noi e che, proprio per questo, possiamo cambiare in meglio, una volta che si dispone del mezzo appropriato. La vita è nelle nostre mani, assicura il Buddismo. Il "destino" lo creiamo noi stessi ponendo continuamente cause che prima o poi tornano sotto forma di effetti (quel che il Buddismo chiama karma). Questo significa che la soluzione a tutti i problemi è già pronta dentro di noi. Come in un seme sono già presenti tutte le caratteristiche di un grande albero.

Kyo rappresenta l'ordito di un tessuto. Un filo che attraversa la trama, tesse l'intreccio complesso dei fenomeni vitali nel cosmo. Ma *kyo* è principalmente il suono, la vibrazione, la sinfonia della vita universale. La musica impalpabile che è in grado di generare energia, sensazioni, emozioni concrete, felicità illimitata.

«Infiniti significati derivano da un'unica Legge», diceva Siddharta. *Myo* è quest'energia; *ho* sono i fenomeni, gli eventi visibili; *renge* è la dinamica del loro reciproco influenzarsi; *kyo* è il suono, la vibrazione che si dipana. *Nam* significa entrare in sintonia, vibrare all'unisono. Recitando Nam-myoho-renge-kyo ci sintonizziamo con tutto questo; riportiamo l'armonia nel nostro ritmo vitale di base. E l'effetto si manifesta concretamente nei fatti concreti della vita quotidiana. Perché anche la nostra esistenza fa parte della rete universale.

difficile da credere

Affascinante? Noioso? No, noioso no. Quante perplessità, però! La spiegazione era impegnativa, e ancora non vedevo un chiaro nesso con la mia vita, i miei problemi personali. A cosa serve recitare Nam-myoho-renge-kyo? Per quale motivo funziona? Che cosa mette in moto? Quali sono gli effetti concreti? Domande che sorgono spontanee quando uno pensa alla sua vita di tutti i giorni, apparentemente così distante dai meccanismi dell'universo.

È difficile credere che la recitazione di una frase "misteriosa" possa influenzare l'esistenza, aiutare a risolvere i problemi, realizzare i desideri. Spesso però l'approccio razionale trae in inganno: tendiamo a pensare che una cosa non esista (o non abbia un effetto concreto su di noi) solo perché non riusciamo a vederla o comprenderla razionalmente. Eppure la vita di tutti i giorni è piena di esempi che smentiscono ciò.

Una calamita attrae il metallo anche se non vediamo il campo magnetico che la circonda e non conosciamo le leggi del magnetismo. E conosciamo forse il motivo per cui una musica di un certo tipo (che non è altro che vibrazione) ci dà gioia, mentre un'altra ci rattrista? Il fatto è che recitare Nam-myoho-renge-kyo funziona che ci si creda o meno, che si sappia o no il significato, proprio perché va al di là della convinzione mentale. Agisce a un livello più profondo: attiva energie universali, tendenzialmente sopite dentro di noi.

L'essere umano è sempre rimasto saldamente attaccato alla Terra anche quando non conosceva l'esistenza della legge di gravità. Newton non l'ha inventata, ha intuito una legge universale che comunque esisteva e funzionava indipendentemente dalla sua comprensione. La sua "illuminazione" a questo fenomeno è servita al genere umano per utilizzare questa legge. Così, Nichiren Daishonin non si è inventato nulla. Ha utilizzato l'immensa saggezza degli insegnamenti buddisti per stabilire un principio universale, una pratica valida per tutti, senza distinzione di epoca o cultura.

In questo preciso istante i tuoi capelli stanno crescendo; alcune migliaia di cellule del tuo corpo sono appena morte; altre nascono, mentre il cuore pulsa decine di migliaia di volte in un giorno. Tutti gli organi lavorano in incredibile armonia; il cibo si modifica e "rinasce" dentro di noi sotto forma di nutrimento; una miriade di pensieri e ricordi, immagini ed emozioni latenti turbina da qualche parte nel nostro io.

Tutto questo in un semplice ammasso di carbonio, ossigeno, idrogeno, che sono gli elementi base del nostro corpo; elementi comuni in tutto l'universo: gli stessi di un pianeta o di un albero. Un individuo che pesa 70 chili è composto approssimativamente di 44 chili di ossigeno, 13 di carbonio, 6 di idrogeno, 3 di azoto; e poi manciate di potassio, calcio, fosforo, zolfo, ferro, fino a 0,007 grammi d'oro. Non c'è alcuna differenza fra il ferro presente nel nostro sangue e quello di una pentola. Allora, cos'è che fa la differenza? All'origine di questa meraviglia, di questo ritmo armonioso, c'è la forza vitale universale, la Legge della vita nell'universo: Nam-myoho-renge-kyo.

Quanto c'è di razionale in tutto ciò? Fin dove può arrivare la comprensione, prima di fermarsi di fronte al mistero della vita? Ma noi spesso siamo fatti così, diciamo: «Prima devo capire. Non è possibile che una cosa che non capisco funzioni! Quindi non ci credo». Cosa diremmo a un cieco che sostiene che i colori non esistono, solo perché i suoi occhi non li vedono?

Se fossimo davvero coerenti con questo atteggiamento, probabilmente torneremmo all'età della pietra: quanti di noi possono dire di aver afferrato l'essenza del funzionamento delle cose che usiamo ogni giorno? Di una medicina ci basta sapere che è quella giusta e che avrà un effetto benefico. Non ci chiediamo *perché* funziona. Né, tantomeno, *come* funziona. Tutti i giorni giriamo la chiave dell'accensione e viaggiamo in macchina, ignari del reale motivo per cui le ruote girano. E chissà perché, premendo un interruttore, appaiono immagini parlanti in una scatola di plastica.

Eppure usiamo queste cose ogni giorno, perché abbiamo verificato che premendo l'interruttore si accende la luce che illumina una stanza, e ci permette di vedere. Abbiamo semplicemente provato, sperimentato, senza fermarci alla teoria, senza perderci nei meandri di un trattato di fisica; senza fare a pezzi la radio per vedere dove si nasconde la musica.

Scriveva Nichiren Daishonin nel 1255: «Se guardi nella tua mente in qualsiasi istante, non puoi percepire né un colore né una forma per verificarne l'esistenza. Tuttavia non puoi neanche dire che non esista, poiché pensieri differenti l'attraversano di continuo. La vita è veramente una realtà inafferrabile che trascende sia le parole che i concetti dell'esistenza e della non-esistenza».

Nam-myoho-renge-kyo racchiude in sé millenni di ricerche, studi, meditazioni, intuizioni. E al tempo stesso è facile da "usare". Un po' come avviene con la tecnologia: più si fa evoluta e sofisticata, più è facilmente accessibile. Oggi basta un clic sul computer per mettere in moto meccanismi di complessità inimmaginabile per un profano. Allora, vediamo cosa si mette in moto quando recitiamo questa frase.

i tremila mondi

La teoria buddista parla di 3000 condizioni possibili in ogni istante. Una frase che lascia un po' interdetti.

«Che significa?», chiesi.

La "rete della vita", delle influenze reciproche, delle relazioni di causa-effetto – dentro e fuori di noi – è così vasta che tutto è sempre possibile. Per una condizione che ci appare statica e immodificabile (ad esempio un problema che crea sofferenza), possono esistere in realtà miriadi di soluzioni già pronte a manifestarsi. Rassicurante, no? La vita è fatta di istanti che si susseguono, ma la mente tende a limitare le possibilità latenti: non vede l'esercito di soluzioni e cambiamenti già pronti ora per l'istante successivo. Quando la speranza manca, la paura vince. Una visione ristretta delle potenzialità della vita può bloccare tutto e imprigionarci. Ma, come dice un proverbio: «La Paura bussò alla porta, la Speranza andò ad aprire: non c'era nessuno».

In fondo, a pensarci bene, l'attimo presente contiene gli effetti del passato e le cause per il futuro. A livello fondamentale, o meglio, vitale, c'è una simultaneità. Come dire che una cosa, un fatto, un evento, contiene già dentro di sé tutti gli altri. Tutte le possibilità sono pronte. Un po' complicato.

Un aereo corre sulla pista di decollo, le ruote ben attaccate a terra. Un attimo dopo vola. La differenza sta in un attimo. C'è un istante in cui il cambiamento è pronto, ancor prima che si veda: il presente è già futuro; il volo è già pronto e, contemporaneamente, si realizza. Il Buddismo spiega che tutti gli istanti della vita hanno questa potenzialità: un desiderio porta con sé la sua realizzazione, un problema la sua soluzione; una sofferenza, la gioia. Il presente (che a noi pare statico) è in realtà un brulicare dinamico di possibilità future. Una visione rivoluzionaria, che consente di affrontare la vita con fiducia. Ma non è vuota speranza fatalista. È piuttosto una fede profonda, supportata dall'esperienza pratica e razionale. È la convinione che tutto, sempre, può cambiare. Adesso.

Ecco il senso della poesia di William Blake: «Vedere il mondo in un granello di sabbia...». Questa è l'intuizione illuminata del Buddismo: trovare tutta la vita in un istante. E in un granello di sabbia. E tutto il mondo in un attimo. E l'universo in una sola vita.

Come le onde del mare, che sono generate da una corrente profonda, potente e invisibile, così tutti i fenomeni dell'esistenza, per quanto diversi fra loro, hanno una sostanza comune, connaturata ad essi. Arrivando a "riconoscere" e ad attivare questo livello fondamentale (la corrente profonda), è possibile influenzare, cambiare qualunque cosa (le onde in superficie). La corrente profonda è la Legge dell'universo, il ritmo della vita che scorre dentro ogni individuo: Nam-myoho-renge-kyo. Ricordi il suo significato, spiegato prima? «*Ho* è ciò che si trasforma, il fenomeno visibile; *myo* è la forza invisibile che sta alla base e genera la trasformazione...».

Recitando questa frase si attinge al flusso della forza vitale universale. Per questo ognuno ha già dentro la potenzialità per cambiare la sua vita. Tremila possibilità in ogni istante. Questo numero non è casuale, deriva da... una moltiplicazione.

dieci mondi

Tutti gli esseri umani, indipendentemente da condizioni, cultura, paese, hanno una cosa in comune: gli stati d'animo. In ogni parte del mondo esistono collera, gioia, angoscia, tranquillità... una parola della persona amata può proiettarci nell'estasi o sprofondarci nella disperazione; una frase del capoufficio scatena la collera; una foto ci commuove; un libro rilassa; un ingorgo nel traffico stressa. Parole, suoni, immagini... un'infinità di stimoli provoca il continuo susseguirsi degli stati d'animo. Questi, a loro volta, muovono, influenzano i nostri pensieri, le azioni, il rapporto con gli altri, con la realtà esterna. L'energia degli stati d'animo determina il tipo di approccio alla vita, ai problemi quotidiani. L'angoscia rende tutto pesante e difficile: si "vede tutto nero". La gioia ha il potere di "alleggerire"; una preoccupazione continua può provocare la gastrite.

Il potere di Nam-myoho-renge-kyo è di influenzare e modificare lo stato d'animo interiore, creando così un effetto concreto su noi stessi e ciò che ci circonda. La recitazione infonde un'energia positiva. I pensieri, il punto di vista, le sensazioni cambiano. Il peso dei problemi cambia perché noi cambiamo dentro. Quando una cosa che pare enorme e opprimente diventa piccola e leggera, è più facile gestirla, superarla, sbarazzarsene, trovare una soluzione, andare oltre.

«Fatemi un esempio concreto», chiesi.

Ammettiamo che uno debba sollevare un peso, ad esempio un tavolo. Se non ci riesce dirà che è troppo pesante. Penserà quindi che non può farlo. Ma forse si potrebbe anche dire che, in realtà, lui non è abbastanza forte. Il vero problema non è il peso del tavolo, ma la forza di chi non riesce a sollevarlo. Quante volte, di fronte agli ostacoli della vita, ci si sente impotenti, inadeguati, si pensa che non ci sia soluzione. Sarà davvero così? Sono realmente ostacoli insormontabili?

Il Buddismo di Nichiren Daishonin non mira a estraniare le persone dalla vita quotidiana per cercare un'idealistica tranquillità. Al contrario, le mette in grado di attraversare e affrontare il percorso della vita in modo diverso, sviluppando una potenzialità interiore nascosta in tutti gli esseri umani, chiamata Buddità. Il segreto non è cercare di non aver problemi, ma imparare a vivere bene in mezzo a essi. Un mare agitato sarà un incubo per chi non sa nuotare, ma non preoccupa minimamente chi va sulla tavola da surf, anzi.

Gli stati d'animo possono essere classificati in dieci grandi categorie chiamate i dieci mondi. Vediamoli:

1) Inferno. Una condizione dove ci si sente angosciati, privi di energie, senza speranza. Il tempo scorre lentamente; lo spazio sembra restringersi in modo opprimente, impedendo di vedere al di là di noi stessi. Si ha la sensazione che questa condizione oscura durerà per sempre.

2) Avidità. Quando si è letteralmente dominati dai desideri. La vita diventa un continuo affannarsi per ottenere qualcosa. E per riuscirci si può essere disposti a passare sopra tutto e tutti. Ma una volta ottenuto, la soddisfazione è breve: un nuovo desiderio subito si affaccia. E la rincorsa continua, in un vortice di voracità.

3) Animalità. L'istinto prevale sulla ragione, sulla coscienza, sull'amore. È la legge della giungla, dove il pensiero razionale non ha posto nelle scelte e nelle azioni. Per questo viene chiamato anche mondo di Stupidità.

4) Collera. Il conflitto. Voler prevalere con l'aggressività per mascherare le proprie debolezze. Pretendere che il mondo e gli altri siano come noi vorremmo che fossero. Sconfina nell'arroganza, quando ci si gonfia come fragili palloni.

5) Tranquillità. Una condizione equilibrata, dove trovano spazio la calma, il buon senso, l'autocontrollo. Spesso però si trasforma in passività: il desiderio di "starsene tranquilli", come sottile forma di chiusura. Un disinteresse per il mondo esterno camuffato da posata saggezza.

6) Estasi. Gioia, soddisfazione e leggerezza che derivano in genere dalla realizzazione di un desiderio. Ma è uno stato effimero, perché dipende sempre da qualcosa di esterno. E quando la causa dell'estasi viene a mancare, il cammino verso l'angoscia è breve.

Interruppi questa elencazione teorica di stati d'animo perché mi stavo perdendo. Dove voleva arrivare? Mi serviva un esempio. E lo chiesi.

Questi primi sei "mondi" sono quelli dove in genere si vive la maggior parte della quotidianità, in una continua altalena dall'uno all'altro. Esempio: una persona si sveglia la mattina. Ha passato una notte serena nel suo comodo letto (Tranquillità). Ma subito arriva il pensiero della routine traffico-ingorgo-arrivo-tardi-al-lavoro, che la opprime (Inferno). Ora però sente fame: l'Animalità (in questo caso un istinto naturale) prende il sopravvento e l'Inferno "sparisce" momentaneamente. Suona il telefono: la invitano a trascorrere il weekend in un luogo fantastico. L'Estasi spazza via tutto il resto. Una volta in macchina, un automobilista le taglia la strada e lei non riesce a trattenere un gesto offensivo (ancora Animalità). I due si fermano e iniziano a litigare (Collera). In ufficio c'è quel collega antipatico che sta facendo carriera. Ecco l'Avidità: l'invidia, la determinazione di fare qualunque cosa pur di superare il collega.

La dinamica dei dieci mondi è quella di apparire e scomparire in conseguenza di uno stimolo. Cambiando lo stimolo, cambia lo stato d'animo. Se la persona ha avuto un incubo si sveglierà nello stato di Inferno, invece che in quello di Tranquillità. Se il lavoro le piace, l'idea di andarci porterà la Tranquillità invece dell'Inferno. Se la telefonata arriva da una persona sgradita non ci sarà Estasi ma... E così via.

Raramente si è in grado di controllare, o indirizzare, questa dinamica: molto più spesso si viene sballottati da un mondo all'altro come palline da ping pong. Sembra quasi che l'ambiente (tutto ciò che ci circonda) congiuri per mandarci di qua e di là, bombardandoci di stimoli ai quali si obbedisce docilmente. Ma gli stati d'animo che ne derivano influenzano poi i pensieri, che a loro volta si concretizzano in parole e azioni. E così, spesso creiamo inconsapevolmente il nostro destino con la stessa libertà, lo stesso spazio di manovra di una marionetta.

In particolare, i mondi di Animalità (o Stupidità), Avidità e Collera vengono chiamati i tre veleni: quando sono fuori controllo avvelenano letteralmente l'esistenza, intrecciandosi e alimentandosi l'un l'altro. Con risultati disastrosi. Una parola in preda alla collera, una reazione istintiva "animalesca", possono rovinare in un attimo anni di buone azioni. La Collera spinge gli esseri umani a farsi la guerra; l'Avidità porta allo sfruttamento indiscriminato, stritolando gli altri, calpestando i diritti umani; la Stupidità guida la distruzione dell'ambiente, che alla fine annienta gli stessi distruttori. Gli individui dominati dai tre veleni si comportano, a livello globale, come una cellula cancerogena nel complesso organismo della Terra: impazzita, cieca, vorace, distrugge tutto e tutti, compreso l'organismo che la ospita.

Un quadro interessante. Ma a questo punto chiesi che ne fosse degli altri mondi. Ne mancavano quattro.

7) Studio. Lo spirito di ricerca, la voglia di imparare, capire. L'introspezione. La consapevolezza di dover fare uno sforzo per cambiare una situazione, per progredire.

8) Illuminazione parziale. Un barlume creativo che affiora improvviso, magari dopo lunghi anni di studio, illuminando un determinato ambito della vita: uno scienziato che fa una nuova scoperta; un musicista che compone di getto un capolavoro. Ma anche nel quotidiano si hanno illuminazioni parziali: un'intuizione improvvisa, la soluzione a un problema che, di colpo, balza in mente dopo lunghi e infruttuosi arrovellamenti.

A differenza dei primi sei mondi, Studio e Illuminazione parziale non si manifestano semplicemente in conseguenza di stimoli esterni. Non arrivano da soli, vanno "cercati". Inoltre, chi vive spesso in queste condizioni rischia di diventare arrogante, considerarsi superiore agli altri, innamorarsi del potere. Quando questi due mondi sono al servizio dei tre veleni il risultato è diabolico.

«Aspettate un attimo. Che significa "al servizio dei tre veleni"?». La faccenda cominciava a farsi complicata. Non avevano neanche finito di spiegare i dieci mondi che già si apriva un altro scenario: «Gli stati d'animo possono quindi intrecciarsi, o meglio, influenzarsi reciprocamente?»

Sì, nel senso che lo stesso mondo di Studio può dipendere dalla spinta di un'energia positiva o negativa, oscura o illuminata. Lo scienziato che studia per migliorare la qualità della vita è spinto da una motivazione ben diversa da quella che guida chi studia per costruire armi che distruggono la vita. Ma è un tema a cui arriveremo fra poco, quando parleremo dei cento mondi. Ricordi il concetto dei "tremila mondi in un istante", spiegato poco fa? Avevamo detto che il numero non era casuale, ma derivava da una moltiplicazione. Ancora dobbiamo arrivare a 10, ma fra poco i mondi si... moltiplicheranno.

9) Bodhisattva. Una compassione sincera e disinteressata verso gli altri. Non un arido e passivo compatire, ma un'energia attiva. "Bodhi" significa saggezza; "sattva" indica il coraggio. Il bodhisattva è una persona di valore che ha il coraggio di superare i propri limiti. Fa spazio nel proprio cuore per condividere le sofferenze di chi gli sta accanto. Lotta insieme a loro per superarle. Rinuncia a qualcosa di sé (ad esempio un po' del suo tempo) per dedicarsi agli altri, senza secondi fini. È una rinuncia che porta gioia. Non c'è niente di ascetico.

Ma l'egoismo è sempre in agguato in questi nove

mondi. Anche l'amore della madre può trasformarsi in un attaccamento dannoso: ricopre il figlio di attenzioni con lo scopo di tenerlo attaccato a sé, di non renderlo libero e indipendente. In realtà lei agisce così, magari inconsapevolmente, solo per rimandare la sua personale sofferenza del distacco.

Compassione non significa dire agli altri cosa devono fare, avendo la presunzione di conoscere la cosa giusta per ognuno. Non significa imporsi, per rendere gli altri come noi vorremmo che fossero. Questa apparente dedizione verso il prossimo nasconde la voglia di esercitare un potere. La vera compassione è aiutare una persona a diventare libera dalle sofferenze, rispettandola per quello che è. Solo il decimo mondo è puro, non contaminabile da energie negative.

10) Buddità. È la forza della vita che scorre in ogni essere umano, come un fiume sotterraneo, che rende fertile la terra in superficie. Far emergere questo stato d'animo significa riempirsi di felicità, sintonizzarsi con l'armonia della vita universale. È un'energia interiore che nutre le infinite potenzialità dell'individuo: le risveglia, dà loro vita, le fa crescere. E tutte le paure che incatenano l'esistenza svaniscono come rugiada al sole. Questa gioia è indistruttibile, perché assoluta e non relativa: non dipende cioè da fattori esterni, che possono venire a mancare in qualunque momento. Con una tale condizione interiore sono i problemi che diventano relativi, le difficoltà e le sofferenze sormontabili. La Buddità libera dalle paure e dalle illusioni, che sono le principali cause di sofferenza. Si è liberi perché non si ha niente da perdere, leggeri perché pieni di forza vitale e di speranza; puri perché finalmente se stessi. Felici perché si vede la realtà con occhi diversi.

Quest'ultima frase mi colpì. Vedere la realtà con occhi diversi significa vivere e agire in modo diverso. Quando uno è angosciato vede tutto nero; se è allegro tutto diventa rosa; quando è collerico vede nemici intorno a sé anche dove non ci sono... La visione delle cose guida le nostre azioni. Visione errata, illusoria: azioni sbagliate, errori, sofferenze. Come muoversi nella penombra in una stanza sconosciuta, urtando di qua e di là.

«È questo il senso?», chiesi.

«È molto di più», mi risposero.

Il grande compositore Gustav Mahler tentò di rendere in musica (nel terzo movimento della seconda sinfonia) ciò che chiamava "il moto incessante e l'incomprensibile trambusto della vita": «Come figure danzanti in una sala da ballo in cui si guarda dal buio della notte all'esterno, a distanza... la vita può apparire senza senso...». Le figure sono troppo piccole per poterle distinguere singolarmente. I gesti sembrano sconnessi, casuali, confusi. I deboli suoni che arrivano hanno perso ogni significato.

Così, influenzati dagli stati d'animo, spesso ci muoviamo nella vita di tutti i giorni con questa visione lontana, confusa, offuscata. L'energia positiva della Buddità illumina la scena. Ci porta – per dirla con Mahler – all'interno della sala, permettendo di vedere con chiarezza, cogliere i dettagli, le relazioni fra le cose; di afferrare il senso, al di là delle apparenze. È una saggezza profonda che consente di muoversi nella direzione giusta. Una bussola verso la felicità.

Questo Buddismo afferma che ogni essere umano possiede tutti i dieci mondi, compresa la Buddità, anche se a uno sguardo superficiale potrebbe non sembrare. Ma la peggiore canaglia senza cuore può provare amore per i figli; e la persona più placida e posata può all'occasione diventare furibonda. Ognuno dei dieci mondi si attiva in risposta a uno stimolo appropriato. Per attivare la Budditá bisogna recitare Nam-myoho-renge-kyo.

perché Nam-myoho-renge-kyo?

...E non un'altra frase? Pronunciare e ripetere parole incomprensibili mi sembrava una forma di auto convincimento. Se si tratta di una preghiera, in fondo basta pregare. Anche in altri modi. L'importante è cercare dentro di sé... oppure sforzarsi di pensare positivo. E poi non mi piace molto l'idea di dipendere da qualcosa, tantomeno da una frase. Questi pensieri mi turbinavano in testa.

Espressi di nuovo i miei dubbi.

Perché proprio quella frase? Perché la Buddità risponde a *uno* stimolo, come una madre che riconosce il pianto di suo figlio anche fra mille bambini. Cosa c'è di strano? Anche una lavatrice ha bisogno che si prema *il tasto giusto* per farla funzionare correttamente. E non è una questione di convincersi mentalmente. Prova a convincerti che non prenderai la scossa se infili le dita in una presa: l'elettricità scorre anche se non vuoi crederlo. Le leggi che ne regolano il funzionamento non dipendono dalla tua mente. E funzionano anche se non se ne conosce il significato.

Per attivare precisamente la parte profonda chiamata Buddità non basta pregare o meditare a caso. Non è sufficiente il gesto generico di prendere una medicina: ci vuole quella giusta. Un bambino appena nato ha già dentro di sé la potenzialità per parlare, leggere, scrivere. Ma questa si sviluppa solo se ci sono gli stimoli appropriati (i genitori, gli insegnanti...). Se cresce in mezzo ai lupi, imparerà solo a ululare.

La ricerca spirituale dovrebbe andare al di là dell'io razionale, che è come la punta dell'iceberg del vastissimo mondo interiore: se ne scorge solo una piccolissima parte. Ma la cultura moderna privilegia ormai da tempo la punta dell'iceberg, trascurandone l'immensa base in profondità. E, via via che la società progredisce, un senso di disagio sembra scorrere al di sotto, come un fastidioso fruscio: manca qualcosa. «Purtroppo l'umanità contemporanea soffre di indolenza dell'anima. La gente non è pronta a impegnarsi nella dimensione spirituale della vita», scrive Daisaku Ikeda. In particolare, i paesi industrializzati sembrano aver privilegiato la crescita economica, tecnologica, scientifica. Ma forse dimenticando per strada la "crescita umana", lo sviluppo interiore dell'anima, dello spirito, dell'energia vitale; della speranza. Non sembra un caso che fenomeni come stress, esaurimento, ansia, senso di inadeguatezza e depressione siano in aumento.

La natura immensa e profonda della vita non ha limiti. È la mente che li mette con i suoi meccanismi, imprigionandoci in una tempesta di sabbia dove non si vede al di là del proprio naso. La realtà che *secondo noi* esiste è solo la punta dell'iceberg. James Hillman, psicanalista e scrittore, parla di "anima": «Una forza intrinseca che opera incessantemente nella nostra esistenza», che va al di là degli aspetti biologici e psichici e ci unisce al tutto.

«E quindi?», chiesi, un po' in confusione.

Nam-myoho-renge-kyo è come il linguaggio dell'anima. Recitarlo ci mette in contatto con noi stessi. Ci risveglia. Per quanto tutto ciò possa sembrare "mistico", cioè incomprensibile, questa frase è un suono universale, una vibrazione primordiale che sintonizza la vita interiore con la forza dell'universo.

A proposito di stimoli, basterebbe pensare a quanti esempi ci sono nella vita quotidiana: una semplice frase ha il potere di gettarci in un attimo nell'angoscia; un'immagine ci rasserena, un foglio di carta con su scritto qualcosa può generare grande gioia...

«Sì, ma perché proprio una frase che non capisco?... Anche se mi avete spiegato a grandi linee il significato, non vedo perché non si possa tradurla e recitarla nella nostra lingua», obiettai.

Il motivo è semplice: non c'è alcun bisogno di traduzioni. La musica è vibrazione, ritmo, movimento. Tutto qui. Eppure ci sono musiche che rattristano, altre che rallegrano, danno energia; senza alcun bisogno di capirle, di sapere quali note vengono usate e perché. Qualcosa dentro di noi "risponde" a questo richiamo, "traduce" il messaggio. Le note musicali sono sempre dodici, ciò che importa è la loro sequenza. I sette ideogrammi usati per scrivere Nam-myoho-renge-kyo sono la sequenza giusta per generare onde nel profondo mare interiore, portando benèfici effetti in superficie. La Buddità riconosce questa lingua.

Ammettiamo che un burlone ci insegni una frase offensiva in lingua cinese, convincendoci però che si tratta di un complimento. Se la rivolgiamo a un italiano, non succederà nulla. Ma quando, sorridendo, la diciamo a un cinese, lui reagirà di conseguenza.

Anche le varie tecniche di meditazione sviluppatesi da millenni in oriente si basano su questo principio. Solo recentemente si è scoperto che il cervello può esserne influenzato, indipendentemente dalla comprensione del significato. Infatti anche l'attività cerebrale si manifesta attraverso vibrazioni, onde di diversa frequenza. Gli strumenti scientifici moderni riescono a misurare queste differenze di ritmo. In particolare, le cosiddette onde Alfa vengono emesse dal cervello quando ci si trova in uno stato di profondo rilassamento fisico e di tranquillità emotiva: la mente è tranquilla ma piena di energia.

La preghiera, la "musica" della recitazione può generare armonia interiore, modificare il ritmo vitale, liberare un'energia che pervade l'intero essere, compresa la mente. Può elevarci in uno stato più alto, che va oltre i condizionamenti, e dal quale si vede, si pensa, si sente, si agisce in modo diverso.

Il Buddismo di Nichiren Daishonin afferma che Nam-myoho-renge-kyo è il suono migliore che si possa usare.

«Non sarà un po' dogmatico?», pensai ad alta voce.

No, fintanto che è possibile sperimentarlo: verificare in pratica tutte queste spiegazioni teoriche. D'altra parte sarebbe impossibile dimostrare a parole un concetto che trascende le parole. Un po' come spiegare il sapore di un ananas a chi non lo ha mai assaggiato. Riusciranno le parole a fargli "sentire" il sapore? Alla fine taglieremmo corto dicendo: «Devi assaggiarlo».

Se uno vuol sviluppare i muscoli, perché ad esempio ha mal di schiena, può andare in palestra (cioè, usare un mezzo per far emergere qualcosa che, potenzialmente, ha già). Ma non c'è bisogno di conoscere i segreti dell'anatomia, le leggi della chimica, il funzionamento delle cellule, delle proteine, gli amminoacidi, gli enzimi... per rafforzare il proprio corpo. Basta fare gli esercizi giusti. All'inizio ci vuole un po' di fiducia nell'istruttore. Poi, saranno i risultati a parlare da soli. Nel frattempo si può anche studiare, per avere una maggiore consapevolezza di ciò che si fa. Ma lo studio, da solo, non risolverà il mal di schiena. La comprensione senza l'azione non sempre ci libera dalla sofferenza.

La recitazione di Nam-myoho-renge-kyo è un mezzo per sviluppare una potenzialità che esiste dentro ognuno. Tutti possono usarlo, indipendentemente dalle condizioni personali, dal grado di istruzione, di cultura. E non crea nessuna "dipendenza": è già dentro di noi e nessuno ce ne può privare. L'ideale è sperimentarlo in pratica e, contemporaneamente, approfondire la conoscenza della visione buddista della vita. L'unico prezzo da pagare è... spendere un po' di tempo.

«Non è un po' semplicistico tutto ciò?»

La teoria buddista è tutt'altro che semplice, ma la sua applicazione pratica è alla portata di tutti. Se ci fosse bisogno di un corso di ingegneria per usare una calcolatrice, la maggior parte di noi sarebbe ancora alle prese col pallottoliere. Per fortuna è sufficiente premere dei tasti per mettere in moto processi complicati di cui, normalmente, siamo all'oscuro. Non è forse un vantaggio? Nam-myoho-renge-kyo non è una bacchetta magica, ma un "allenamento" progressivo attraverso una pratica costante. Proprio come la palestra.

Lo scetticismo e i dubbi sono una cosa normale.

Anzi, un approccio giustamente critico è quello che ci vuole. L'importante è che non si trasformi in una sterile opposizione intellettuale, una scusa che in realtà nasconde la fatica o la paura di affrontare qualcosa di nuovo.

Mi sentivo un po' in un angolo: «Va bene – dissi – ammettiamo che questa frase sia davvero lo stimolo giusto per manifestare tutto ciò che è stato detto. Mirando a questa condizione "superiore", non si rischia di estraniarsi dalla realtà? E ancora: cercare questa Buddità significa estirpare o reprimere gli altri mondi, cioè quelli negativi come l'avidità, la collera...? Insomma, dobbiamo diventare tutti buoni e puri?»

Non si tratta di cercare una serenità fasulla, vivendo beatamente fra le nuvole. Tutt'altro: il Buddismo serve per affrontare le sofferenze e realizzare i desideri. Ciò implica azioni concrete e non estraniamento, disinteresse, o passivo fatalismo. E non c'è niente da reprimere, nessuna parte di noi da rinnegare, nessun bisogno di diventare degli "angioletti". Non esistono mondi buoni o cattivi in assoluto. Niente va distrutto, perché tutto si può trasformare. Ed ecco che i dieci mondi si moltiplicano.

cento mondi

Prendiamo la collera. Prima ne abbiamo descritto gli aspetti negativi. Ma lo stesso stato d'animo può trasformarsi in qualcosa di positivo, quando ad esempio serve per ribellarsi alle ingiustizie, a far valere i propri diritti di fronte a soprusi e aggressioni. Lo stesso vale per gli altri mondi. L'avidità può essere una forza distruttiva, ma anche una sana ambizione per realizzare desideri, una spinta al miglioramento.

In pratica, ognuno dei dieci mondi può assumere diverse facce, perché non è separato dagli altri: c'è fra loro una relazione di influenza reciproca. Così, ad esempio, il mondo di Studio può essere caratterizzato da angoscia (Inferno), superficialità (Animalità o, detto in altro modo, Stupidità), Avidità, Collera, Tranquillità, Estasi, Studio, e così via.

Per tornare al concetto dei tremila mondi in ogni istante, a questo punto le possibilità non sono più dieci, ma cento: tutti i dieci stati d'animo possono infatti manifestarsi in dieci diverse "sfumature" (lo Studio avido, lo Studio tranquillo, lo Studio estatico, e così via). Totale: cento.

La portata di questo concetto è, in un certo senso, rivoluzionaria: tutto si può trasformare, tutto può cambiare in meglio: anche un veleno si trasforma in medicina. Qualunque sia la condizione del momento, la potenzialità per la soluzione è sempre presente, anche se i nostri occhi non riescono a vederla: nell'angoscia più nera dell'Inferno, la gioia della Buddità è già pronta "dietro"; aspetta solo di essere attivata. È un attimo: non c'è bisogno di lunghi percorsi verso la fine di un tunnel. I cento mondi e la loro relazione reciproca smantellano le convinzioni che ingabbiano la mente. In fondo, anche una caverna rimasta buia per un miliardo di anni può essere illuminata in un istante, se si accende una torcia. La differenza fra buio e luce è nello spazio di un clic.

Quando il Budda si "accende" dentro i problemi si risolvono, perché la saggezza ci fa imboccare la strada giusta, l'armonia con l'ambiente ci fa essere al posto giusto nel momento giusto, la forza vitale alleggerisce ogni peso, la realtà appare per quello che è: le ombre che fanno paura si diradano e un coraggio fiducioso prende il loro posto.

L'obiettivo di questa pratica non è quello di diventare esseri superiori e perfetti, ma persone comuni felici. Attivare la Buddità, cioè attingere a quest'energia positiva, non significa eliminare gli altri nove mondi, ma "illuminarli"; viverli in modo diverso, purificati dai veleni che intossicano. Per questo non c'è alcun bisogno di pratiche ascetiche, di rinnegare le proprie caratteristiche, rinunciando, cancellando qualcosa di sé che si considera cattivo, negativo. Peccaminoso. Ancora una volta la parola chiave è: trasformare.

Continueremo quindi a essere noi stessi: persone con pregi e difetti, che però godono di un'esistenza ricca di soddisfazione perché, qualunque sia la condizione del momento, hanno una base vitale di gioia, saggezza, speranza, leggerezza: mentre siamo arrabbiati, nel pieno di un problema concreto che ci affligge, in un momento stressante del lavoro... Quando i nove mondi poggiano sulla base del decimo, non è più possibile sprofondare. Il valore della vita cambia. Il destino cambia.

«Sembra tutto molto facile. Insomma, una bella storiellina...» Non riuscii a trattenere un po' d'ironia.

Non è per niente facile; ma certamente possibile. L'importante è usare il mezzo giusto. Come abbiamo visto, gli stati d'animo sono instabili, cioè vanno e vengono secondo gli stimoli. Anche la Buddità può emergere e un attimo dopo scomparire. Il problema è quindi renderla il più possibile stabile.

Ogni persona ha una tendenza vitale specifica. Possiamo definirla la sua natura, oppure il carattere. C'è chi è portato all'allegria e chi alla collera; chi è più istintivo (Animalità) o più riflessivo (Tranquillità). È come una casa, dove si torna sempre dopo viaggi più o meno lunghi negli altri stati d'animo.

Recitando Nam-myoho-renge-kyo si cambia casa. Piano piano, il palazzo della Buddità cresce e si fa sempre più solido dentro di noi: una casa sicura che rende piacevoli e ricchi di valore i viaggi quotidiani nei nove mondi. Ma per far questo è necessario un impegno costante, un allenamento quotidiano. Ecco perché non è facile.

«Sarebbe a dire?» Cominciò a venirmi qualche dubbio.

Per sviluppare una capacità è necessaria la pratica. Per acquisire dei risultati ci vuole uno sforzo. Per stabilizzarli e progredire ancora bisogna applicarsi costantemente. Normale, no? Ma forse un po' fastidioso: ce lo ripetono dal primo giorno di scuola. Eppure, per imparare una lingua straniera non basta lo studio teorico: la si deve "praticare" il più possibile. Altrimenti si perde. Un campione olimpionico non è nato campione: si è allenato tutti i giorni. Il potenziale della Buddità si sviluppa con la recitazione di Nam-myoho-renge-kyo. Quindi, per ottenere risultati concreti nella vita quotidiana, questa pratica deve essere fatta correttamente e tutti i giorni. Perché vogliamo essere felici in questo mondo: qui e adesso.

altri dubbi

«Una domanda un po' provocatoria: perché dovrei aver bisogno di questo Buddismo? Mi pare che questa pratica sia una specie di àncora di salvezza per chi si trova in una situazione disperata. Tutto sommato, io non mi sento così pieno di problemi. Certo, non mi mancano. Ma... un po' come tutti, cerco di affrontarli...».

Anche la persona più fortunata deve, prima o poi, affrontare dei problemi. Ad esempio, separarsi dalle persone che ama: i figli che crescono e se ne vanno, un amore finito, il compagno o la compagna di una vita che abbandona questo mondo prima di noi. E poi le tribolazioni per raggiungere uno scopo, che a volte ci delude appena raggiunto: «Chi me l'ha fatto fare?», pensiamo; e subito si parte per una nuova battaglia. Oppure i normali affanni dell'esistenza quotidiana, come i problemi finanziari; ma anche le relazioni sentimentali, le amicizie, la solitudine... Tutti poi dobbiamo sopportare qualcuno o qualcosa, una persona, una situazione; sostenere un peso sulle spalle, magari "ingoiando" in silenzio. E sempre più, oggi, sembra diffusa la sofferenza psicologica della disarmonia: un disagio, una percezione confusa del quotidiano frenetico, dove spesso sfugge il senso profondo di ciò che si fa e per cui ci si affanna. Malattia e vecchiaia, poi, sono inevitabili.

Allora, pensare o sperare di non avere problemi è una pura illusione. Semmai, la domanda è: come si affrontano? La vita è un percorso che, necessariamente, si affronta con qualche fardello sulle spalle. Ma, se si è pieni di energia, di gioia e speranza, ci si può inerpicare per un sentiero di montagna, zaino in spalla, e godersi la passeggiata, vivere intensamente ogni passo, ammirare il panorama, chiacchierando allegramente con i compagni di viaggio. Molto spesso, invece, si arranca a testa bassa, oppressi dal peso che via via aumenta.

E poi: cosa ci aspetta alla fine del viaggio? Il Buddismo nasce per risolvere i problemi fondamentali della vita. E forse il più importante è proprio quello della morte: una sofferenza impossibile da evitare. Ma ci torneremo meglio dopo, parlando del concetto di karma.

«Beh, al di là di questi grandi temi, il quotidiano è fatto anche di piccole cose che si possono affrontare in tanti modi, senza bisogno di scomodare la religione, l'universo...»

Certo. Qui non stiamo dicendo che se uno non pratica il Buddismo sarà necessariamente infelice. D'altra parte la tendenza umana è quella di occuparsi delle cose solo quando piombano addosso. In questo modo si rischia di diventare vittime delle circostanze, in balia dell'ambiente. A volte poi si cercano soluzioni di comodo. È più facile adattarsi a una situazione piuttosto che affrontarla. Ci si abitua a tutto, piuttosto che trovare la forza di alzarsi e reagire. Paradossalmente si può preferire, anche in modo inconsapevole, di rimanere in una situazione conosciuta, sia pur soffrendone, piuttosto che avventurarsi fuori, in cerca.

La mente lavora per trovare mille scuse. Tendiamo a pensare: «Questa cosa è impossibile da realizzare, non ci riuscirò mai, non sono all'altezza», oppure: «Soffro perché gli altri mi fanno soffrire». E ancora: «Questa cosa mi succede perché sono sfortunato. Non posso farci niente».

Ma un tale meccanismo ci imprigiona sempre più in un circolo vizioso, nell'illusione che la causa dei problemi sia fuori di noi. Che è come dire: la causa per la felicità è all'esterno, da qualche parte. Così ci si affanna per inseguire qualcosa, pensando che una volta ottenuta saremo a posto. Questa però è la ricerca di una felicità relativa, che dipende sempre da circostanze esterne. Di conseguenza è totalmente instabile e imprevedibile.

Per smettere di essere sballottati dall'ambiente, dare una base solida alla propria vita, decidere una direzione, ci vuole un impegno costante e un mezzo che funzioni. La teoria dei cento mondi dice proprio questo: tutte le cause e le soluzioni ai problemi sono già dentro di noi. Bisogna quindi cercarle, farle emergere. Sarebbe bello poter trovare se stessi, risolvere tutti i problemi con uno di quei corsi a pagamento che in poche lezioni promettono felicità sempiterna; o con una semplice tecnica di rilassamento da effettuare solo quando pensiamo di averne bisogno (che spesso è come dire: quando non ci fa troppa fatica, quando le circostanze esterne non ci pressano). Oppure distraendosi, riempiendo il tempo con mille attività. Certo, può aiutare. Molte cose possono aiutare. Ma non è detto che risolvano alla radice. Se uno vuol vincere una gara sportiva dovrebbe allenarsi con serietà e costanza. Altrimenti, è inutile poi lamentarsi e scaricare l'insoddisfazione pensando che si è perso per colpa di qualcun altro. Sono scuse. Sarebbe come sperare di diventare ricchi contando i soldi del vicino.

Per sviluppare una condizione vitale interiore capace di sostenerci nella "gara" a ostacoli dell'esistenza, ci si allena recitando Nam-myoho-renge-kyo. Secondo il principio dei cento mondi, attivando e stabilizzando la ricchezza della Buddità si attua progressivamente una vera e propria rivoluzione interiore: la "rivoluzione umana".

L'energia vitale potente si irradia progressivamente su tutti gli aspetti dell'esistenza e illumina i nove mondi in cui si svolge il quotidiano, li trasforma; crea una soddisfazione che viene da dentro, ed è quindi indipendente dalla realizzazione dei desideri. E, proprio per questo, i desideri si realizzano più facilmente.

«Ma, insomma, se questa pratica porta davvero risultati del genere, perché non è maggiormente diffusa? Perché non la fanno tutti?»

Semplice: perché è difficile crederci! Di fronte a certe cose molti si comportano come uno che, vedendo una colonna di fumo uscire da una finestra, pensa: «Finché non vedo il fuoco vuol dire che non c'è alcun incendio». Ma nel frattempo, mentre aspetta che qualcosa lo convinca, la casa brucia. Tutti abbiamo avvicinato questa pratica pieni di dubbi: l'unico modo per convincersi che funziona è quello di "entrare", toccare con mano.

D'altronde se la razionalità, l'intelligenza, la conoscenza – che tanti progressi hanno portato – fossero sufficienti per fare il bene, per diventare felici, perché nel mondo ci sarebbero ancora guerre, soprusi, distruzione dell'ambiente, fame, epidemie...? Perché i problemi fondamentali sono sempre gli stessi? Perché l'essere umano ha da sempre dentro di sé una tendenza distruttiva. Una parte oscura che lo guida verso la sofferenza. La Collera non può essere vinta con il sapere; per questo ci sono ancora le guerre. L'Avidità non diminuisce con il progresso tecnologico; per questo l'ambiente è sempre più aggredito e sfruttato.

Recitando Nam-myoho-renge-kyo, la parte oscura della natura umana viene progressivamente illuminata. Lo stato vitale ha il potere di modificare la relazione con noi stessi e col nostro ambiente, attivando un "effetto domino" che si diffonde in tutti i campi della vita. Per spiegare questo meccanismo ci vuole un'altra moltiplicazione.

mille mondi

L'aspetto di una persona cambia secondo lo stato d'animo. Un volto angosciato manifesta la condizione interiore di sofferenza; quando ci si sente allegri e leggeri, il viso si illumina. Anche la parte "invisibile" dell'individuo (pensieri, emozioni, visione delle cose...) segue questo principio: nell'angoscia prevalgono i pensieri oscuri e pesanti, le emozioni negative; il rapporto con la realtà esterna è offuscato da una sorta di cappa, come un'afa soffocante. Tutto ciò determina il tipo di relazione che si ha con se stessi e l'ambiente esterno, sia nei termini delle azioni che si compiono, sia nelle risposte che si danno ai messaggi che arrivano da fuori.

Secondo il Buddismo sono dieci i fattori che intervengono in questo gioco di relazioni. Sarebbe troppo lungo analizzarli uno a uno. Qui è sufficiente dire che i dieci fattori spiegano come l'intrecciarsi degli eventi della vita non sia casuale, ma dipenda dalla precisa relazione esistente fra lo stato d'animo, noi stessi e l'esterno. Ecco perché, ad esempio, due persone di fronte a uno stesso problema hanno reazioni e risultati differenti.

La base di partenza è sempre lo stato vitale interiore, dall'Inferno alla Buddità. Ma abbiamo visto che, di fatto, ci sono cento "mondi", quindi cento possibilità di essere in ogni istante. Lo stato vitale è l'energia che mette in moto i meccanismi della vita. Questi sono come gli ingranaggi del motore di una macchina che, una volta attivati, lavorano insieme interagendo fra loro e producono un risultato. Se tutto funziona in armonia, le ruote si muovono e la macchina può correre verso la sua mèta. Altrimenti, qualcosa si guasta e iniziano i problemi, gli ostacoli, le sofferenze.

I dieci fattori sono gli ingranaggi che intrecciano i fenomeni dell'esistenza, dentro e fuori di noi, producendo il risultato finale di felicità o infelicità. Dipende dall'energia che li mette in moto. Una persona nel mondo di Inferno avrà tutti gli ingranaggi che lavorano verso la sofferenza: aspetto fisico, pensieri, visione delle cose, emozioni; e poi un'energia debole, incapace di esercitare un'influenza positiva sull'ambiente; creerà quindi le condizioni per perpetrare la sua sofferenza, accumulando dentro di sé potenzialità negative che, anche in risposta a stimoli esterni, daranno come risultato nuove sofferenze. Nel mondo di Inferno tutti gli ingranaggi (cioè i fattori) lavorano influenzati da esso. Cambiando lo stato vitale, cambia il lavoro dei dieci fattori. Quando i meccanismi della vita sono alimentati dall'energia della Buddità, il risultato finale è la creazione di un destino migliore, un'esistenza armoniosa e soddisfacente.

Senza la saggezza che deriva dall'energia dell'universo siamo come persone inesperte di motori che, quando qualcosa non funziona, non sanno dove mettere le mani. E, se ci provano alla cieca, rischiano di peggiorare le cose. Molte volte ci comportiamo proprio così. Ad esempio, in genere pensiamo che le nostre sofferenze dipendano da qualcuno (o qualche situazione) che ce le provoca. Ma questo "qualcuno" è in realtà solo una causa esterna, che ha attivato una causa interna (la sofferenza) già presente dentro. Continuando a concentrarsi sulla causa esterna si otterranno sempre risultati (effetti) sbagliati, come tentare di afferrare l'ombra del problema invece che la sostanza. Inutile lamentarsi se ci sfugge.

Ma ciò significa anche che le soluzioni a tutti i problemi sono già pronte dentro. Bisogna attivarle con l'energia di Nam-myoho-renge-kyo. La teoria dei dieci fattori spiega che, al di là della nostra percezione limitata, esistono mille soluzioni già pronte per ogni problema; mille modi in cui gli ingranaggi possono funzionare: dieci fattori per ognuno dei cento mondi. Il tutto nello spazio di un istante. Proprio come nel minuscolo spazio di un seme esiste già una quercia.

«Queste teorie sono affascinanti, ma ancora mi sfugge l'aspetto concreto: come possono modificare la mia vita di tutti i giorni?»

Nonostante la maggior parte delle volte non ce ne accorgiamo, esiste un profondo legame fra noi e tutto ciò che ci circonda. Anche una parte della fisica parla di "rete della vita": un interscambio continuo di influenze, di energie visibili e non; un intreccio di relazioni che, secondo il Buddismo, può diffondere e moltiplicare la felicità o richiudersi e ingabbiare in un groviglio di sofferenze. Dipende da come ci si muove in questa rete.

la rete dei tre ambienti

I mille mondi sono presenti ovunque. Il primo ambiente è l'individuo stesso, con il suo carattere, il modo di pensare, di reagire, di porsi verso l'esterno. I suoi sogni, le aspirazioni, gli ideali che lo spingono verso il futuro. Le esperienze passate: gioie e delusioni incise nell'animo. Tutto questo determina in che modo si vive il presente: come ci si relaziona con se stessi e gli altri due ambienti, che tipo di scambio avviene. Il secondo ambiente è quello degli esseri viventi in generale. Lo attraversiamo passando in tanti piani diversi: la famiglia, le persone nell'ambito del lavoro, il gruppo di amicizie. Ma, a un livello più esteso, anche coloro con cui si condivide un'identità, siano ideali, passioni, cultura, lingua, nazionalità. Ognuno di questi "gruppi" possiede i mille mondi. In una famiglia dove prevalgono i litigi c'è Collera; un posto di lavoro può essere "infernale" o entusiasmante. Persino col cane o il gatto di casa c'è un reciproco scambio dei mille mondi. E anche un'intera società è come un essere vivente, con un suo preciso stato vitale: dove prevale la Tranquillità c'è rispetto per gli altri; dove i tre veleni di Collera, Avidità e Stupidità dilagano, c'è un vero e proprio inquinamento spirituale che intossica l'esistenza. Il terzo ambiente è quello delle cose e degli esseri insenzienti (come gli alberi e i fiori). Chi è nato nel deserto avrà un carattere e una predisposizione diversa rispetto a chi è nato e vissuto in una foresta. Passeggiare in un bosco può farci sentire liberi o renderci inquieti. Dipende dall'interscambio fra quell'ambiente e il nostro stato vitale del momento. Anche le cose sono inanimate solo in apparenza: in realtà un oggetto porta con sé uno stato vitale, quando vi entriamo in contatto. Il cielo, il vento, il mare, le montagne, la luna, le stelle... sono cose "vive": interagiscono con gli esseri viventi. E poi i colori, le forme delle cose, le invisibili vibrazioni che sfrecciano nell'etere... Un pezzo di carta trasmette l'Estasi, l'Illuminazione parziale, la Collera. Dipende se è la lettera di una persona amata, una poesia folgorante o una multa. Ecco, finalmente, le tremila condizioni in ogni istante: siamo immersi nei tre ambienti (che il Buddismo chiama anche i tre regni dell'esistenza), ognuno con i suoi mille mondi. Tutti interagiscono fra loro. Totale: tremila. Psicologia, sociologia, ecologia: la visione millenaria del Buddismo è così profonda da essere oggi, in un certo senso, confermata dalla scienza moderna. Su una base di uguaglianza (i mille mondi comuni a tutti) ogni essere umano si differenzia dall'altro per effetto del modo personale di percepire i fenomeni della società e dell'ambiente (i tre ambienti). Nam-myoho-renge-kyo è la Legge della vita. La vita si manifesta nelle tremila condizioni. Recitando Nam-myoho-renge-kyo tutto si armonizza: gli infiniti "ingranaggi" dell'esistenza iniziano a lavorare per creare una rete di connessioni e scambi dove l'energia positiva corre da una parte all'altra e trasporta gioia, serenità, forza, speranza. Le cause interne, le relazioni, le influenze reciproche si illuminano; gli effetti affiorano dal fiume dell'energia universale trasformati, purificati. Le cose, i fatti, le azioni, le relazioni, i pensieri, le emozioni prendono naturalmente la direzione giusta. Guidati dalla forza originale che riconoscono e seguono. Come un girasole che si volge verso la luce.

l'inseparabilità del tutto

Corpo e mente sono inseparabili, legati fra loro. Da duemilacinquecento anni il Buddismo afferma che gli aspetti fisici e spirituali hanno un'origine comune, sono due manifestazioni della stessa entità. È la vita stessa: l'energia vitale che scorre dentro e alimenta le funzioni fisiche e spirituali. Anche la scienza conferma questa inseparabilità. Uno stress psicologico può provocare una malattia fisica. Una disfunzione corporale può avere effetti sull'umore, sui pensieri.

Da alcuni anni ormai si va affermando una concezione psicosomatica (cioè che abbraccia mente e corpo) della medicina: il sistema nervoso e il sistema immunitario sono come due parti di un tutto, che comunicano continuamente fra loro. La concezione tradizionale separava il *sistema nervoso* (cioè il cervello e le cellule nervose, che costituiscono la sede della memoria, del pensiero, delle emozioni) dal *sistema endocrino* (ghiandole e ormoni che regolano l'organismo e integrano le varie funzioni corporali) e dal *sistema immunitario* (il sistema di difesa del corpo, che attraverso il midollo osseo e altre cellule controlla e ripara i tessuti). A questa separazione corrispondono tre distinte discipline: le neuroscienze, l'endocrinologia e l'immunologia. Ma alcuni studi recenti dimostrano che tale distinzione è in realtà una distorsione concettuale.

Ad esempio si è scoperto che alcune molecole (genericamente chiamate "peptidi", che comprendono neurotrasmettitori, ormoni, endorfine, eccetera) funzionano come "messaggeri" che collegano i tre sistemi, integrando le attività mentali, emozionali e biologiche. I peptidi non vengono prodotti solo nel cervello, ma anche in altre parti del corpo: sono la manifestazione biochimica delle emozioni, che "trasportano" ovunque ci sia un recettore per accoglierle. Questo gruppo di molecole pare sia responsabile delle "tonalità" emotive, che a loro volta si diffondono e influenzano sia il corpo che la mente. Come dire che tutti i pensieri, le percezioni e i meccanismi biologici del corpo sono modulati dalle emozioni. In fondo, anche i proverbi della saggezza popolare dicevano che «ridere fa buon sangue».

Ma allora, cosa sono le emozioni? Torniamo alla teoria buddista dei dieci mondi: lo stato vitale profondo ha un'influenza concreta sul corpo e la mente. Attivando la tonalità giusta, tutto si modifica positivamente, si armonizza. Naturalmente, ciò non significa assolutamente che praticando il Buddismo si può fare a meno di curare una malattia con le medicine. È certo, però, come dimostrebbero studi recenti, che un'elevata condizione vitale – fatta di energia positiva, gioia, speranza – può accelerare un processo di guarigione.

Ampliando poi il concetto fino ai tremila mondi, si può dire che il cambio di tonalità interiore genera un mutamento anche nell'ambiente circostante. Infatti l'individuo è collegato al suo ambiente: è inseparabile, come la cellula di un organismo più complesso. Tornando ai tre ambienti visti prima, l'essere umano è parte dell'"organismo" famiglia, luogo di lavoro, società... In tutti questi ambienti avviene un interscambio paragonabile a quanto visto per il rapporto corpo-mente. A un livello più esteso, anche la Terra può essere considerata un organismo complesso con la sua rete di equilibri e influenze fra "cose" ed esseri viventi.

La convinzione illusoria della specie umana di essere in qualche modo indipendente e separata dal tutto (se non addirittura superiore, privilegiata, "eletta") è ciò che la ha portata a comportarsi spesso come un'arrogante cellula cancerogena, che aggredisce e distrugge lo stesso organismo in cui vive. Sia esso la famiglia o il pianeta intero.

Quindi, come già affermato prima, secondo il Buddismo tutto è collegato. Ognuno di noi ha un suo preciso ambiente (il sé, gli altri, le cose), in cui agiscono i mille mondi. L'influenza reciproca fra noi e l'ambiente dipende dallo stato vitale: possiamo essere schiacciati dalle circostanze, trovarci in perenne conflitto, farci guidare passivamente dalle situazioni. Oppure, decidere noi la direzione. Attivando la Legge universale di Nam-myoho-renge-kyo, ognuno può esercitare un'influenza positiva su se stesso e ciò che lo circonda. Questa è la "rivoluzione umana" dei tremila mondi.

«La vita assomiglia al vibrare delle note. E l'individuo a uno strumento a corde», scriveva Beethoven nel suo diario. Se l'individuo non ha l'intonazione giusta, non può risuonare con ciò che lo circonda. Anzi, la sua dissonanza «disturba l'armonia che si ode in un coro ben intonato».

Se Nam-myoho-renge-kyo è il vibrare della vita possiamo metterci in armonia con questo coro intonato. Sarà allora possibile afferrare «i suoni, che turbinano sovente come il vento, e altrettanto spesso mi turbinano nell'anima».

Ognuno può attingere ai "suoni" dell'universo e, come un grande compositore, creare la sua sinfonia. Una vibrazione vitale invisibile che parte dall'anima del mondo – la nostra stessa anima – e si espande nello spazio e nel tempo, inondando le cose e la gente; trasformando la realtà. Come le note potenti dell'*Inno alla gioia* della Nona Sinfonia, che da due secoli toccano i cuori del mondo.

Ci fu una pausa. Devo ammettere che rimasi in silenzio. Tutto sembrava così... armonico. Concatenato, logico. Affascinante, ma anche un po' frastornante. Ne sentivo la profondità, eppure subito mi sfuggiva. Poi mi venne un dubbio:

«Tutto ciò è molto interessante, ma non risponde al perché delle "ingiustizie" della vita. Perché qualcuno è sfortunato mentre ad altri va tutto bene? Perché uno nasce malato? Come può cambiare il suo destino prima ancora di nascere? ...»

causa, effetto, destino, karma

Potremmo continuare: perché una determinata cosa succede a me e non a un altro? Che cosa sono fortuna e sfortuna? Qual è l'origine di certe sofferenze che arrivano improvvise e inaspettate?

Semplificando, si potrebbe scegliere fra tre possibili risposte:

1) Tutto dipende dalla volontà di un essere superiore.

2) Tutto dipende dal caso.

3) Tutto dipende da noi stessi.

Nella prima ipotesi non si può far altro che rimettersi a tale volontà suprema, accettando in qualche modo ciò che ci accade. Se invece si crede al caso, possiamo solo sperare che gli eventi, "casualmente", vadano bene, senza alcuna possibilità di cambiarne il corso. Ma spesso il caso non è altro che un concetto di comodo, per quando non si hanno spiegazioni migliori.

Il Buddismo afferma: «Se vuoi conoscere le cause create nel passato, guarda gli effetti che si manifestano nel presente. Se vuoi conoscere gli effetti che si manifesteranno nel futuro, guarda le cause che stai mettendo nel presente».

Karma è un'antico termine sanscrito che significa "azione". Qualsiasi azione (causa), mentale verbale o fisica, produce una reazione (effetto). Tutto ciò che pensiamo, diciamo o facciamo produrrà un effetto, che può essere immediato o più o meno lontano nel tempo. Nessuna causa svanisce nel nulla, nonostante le apparenze; piuttosto, si accumula dentro di noi, in una sorta di magazzino, in attesa di essere attivata.

Anche una multa può arrivare mesi dopo che si è passati col rosso (convinti magari di averla fatta franca), quando ormai ce ne eravamo completamente dimenticati. A un livello più ampio, una nube di smog può svanire nell'aria e, siccome non ci dà più fastidio, ce ne scordiamo. In realtà si è "depositata da qualche parte", anche se non la vediamo. Ma i suoi effetti devastanti prima o poi si faranno sentire, tramite il buco dell'ozono, l'effetto serra, le piogge acide... E in qualche modo ne saremo coinvolti.

Ognuno ha un suo karma personale: un accumulo di cause e tendenze positive e negative che, nel secondo caso, porteranno sofferenze a se stesso e agli altri.

Secondo il principio – visto prima – dell'unicità dell'essere umano col suo ambiente, ciò che ci accade è l'effetto di una causa che sta dentro di noi. Cercare responsabilità e soluzioni all'esterno non servirà, se contemporaneamente non si modificano le cause interiori. Ricordiamo il meccanismo dei dieci fattori: lo stato vitale determina il tipo di azioni, che diventano cause interne. Queste, attraverso la relazione con l'ambiente, si attivano trasformandosi in effetti concreti. A niente varrà cercare di modificare l'effetto: se la causa resta, lo stesso effetto, prima o poi, tornerà.

Un esempio per semplificare. Se uno è dominato dal mondo di Collera, avrà la tendenza a trattar male la gente (causa). Creerà quindi intorno a lui un ambiente di conflitto, dove le persone gli risponderanno nello stesso modo (effetto) o, al limite, cercheranno di evitarlo. Questo risultato non farà altro che rafforzare la tendenza alla collera: la persona si arrabbierà sempre di più, aumenterà il suo rancore, pensando che gli altri meritano di essere trattati male, perché solo lui è nel giusto. E via così, in un circolo vizioso sempre più forte. Continuare a prendersela con l'ambiente esterno è come ostinarsi a dare testate a una porta chiusa perché non ci si accorge di avere la chiave in tasca. Una sofferenza inutile.

La più importante implicazione della teoria del karma è che ognuno è l'artefice del proprio destino. Il fatto che tutte le cause della sofferenza sono dentro di noi significa che non può esistere una sofferenza più grande delle nostre potenzialità. Di conseguenza – e per fortuna – ognuno ha la possibilità di cambiare qualunque problema. Come? Facciamo un passo indietro.

Il concetto di karma è comune a quasi tutte le filosofie sorte in India anche prima del Buddismo (compare per la prima volta nelle *Upanishad*, uno dei testi fondamentali del Brahmanesimo). Ma la sua valenza pratica è stata interpretata in modi diversi secondo le scuole di pensiero. L'idea che le sofferenze di un individuo derivassero dal suo cattivo karma portava, in certi casi, a una visione passiva dell'esistenza: tutto era già stabilito e non c'era altro da fare se non cercare di sopportare serenamente gli effetti. Il modo migliore era quello di distaccarsi dalle sofferenze, arrivando però a un progressivo distacco dalla vita stessa, con il suo ribollire di problemi. L'obiettivo finale era l'annullamento dei desideri, che in fondo, si diceva, sono la causa delle sofferenze, per arrivare infine al cosiddetto "Nirvana": l'annullamento totale.

Altre scuole di pensiero prevedevano una complicata serie di precetti: l'espiazione del cattivo karma passava attraverso pratiche ascetiche ed esercizi di perfezionamento spirituale. I risultati sarebbero arrivati dopo un lunghissimo percorso fatto di numerose esistenze e rinascite. Altri delegavano tutte queste pratiche ai monaci, che sostenevano con offerte di cibo, vesti e denaro assicurandosi così la felicità dopo la morte.

Il Buddismo di Nichiren Daishonin insegna invece, partendo dal Sutra del Loto, che ogni persona ha dentro di sé la potenzialità di cambiare il corso dell'esistenza qui e ora, indipendentemente dal bagaglio karmico che porta sulle spalle. Tutto questo senza complicate pratiche ascetiche e soprattutto senza bisogno di alcun intermediario, monaco o laico.

Attraverso la recitazione di Nam-myoho-renge-kyo, la tendenza vitale di base cambia. Di conseguenza i pensieri, le parole e le azioni sono basati sull'enorme positività della Legge dell'universo. Come il karma negativo è creato dalle azioni guidate dai veleni dell'egoismo – l'Avidità, la Collera e la Stupidità (che fanno parte dei dieci mondi) – così il karma positivo è formato dalle azioni motivate da bontà, compassione e saggezza. Ecco che, attraverso la rivoluzione umana, il presente può diventare un susseguirsi di cause positive che creeranno effetti nel futuro. Contemporaneamente, le cause del presente bilanceranno gli effetti in arrivo dal passato, permettendo di viverli come alleggeriti. La saggezza profonda dello stato di Buddità consente di evitare il continuo ripetersi degli errori che portano al rafforzamento delle tendenze negative, con il loro circolo vizioso. I cosiddetti "desideri terreni" (quelli materiali, quotidiani, che derivano dai bisogni, dai sentimenti, i sogni da realizzare...) lungi da essere evitati e bollati come "attaccamenti impuri", diventano il motore della trasformazione: ciò che spinge l'essere umano al miglioramento.

Riepilogando, il punto di vista di Nichiren Daishonin è veramente rivoluzionario:

1) L'ambiente è lo specchio che riflette il nostro karma. Inutile cercare di cambiare l'immagine riflessa, se non si modificano le cause interiori. Inutile lamentarsi che «il mondo è cattivo» o «la gente non mi capisce». Al contrario, l'immagine allo specchio è un prezioso messaggio per capire cos'è che non va in noi.

2) Grazie allo stato vitale che "illumina" le cose, i desideri terreni si trasformano: diventano un mezzo da usare e non più un fine che ci domina. Da potenziale veleno per l'esistenza, acquistano le proprietà di una medicina benefica. Per questo motivo, non c'è bisogno di reprimerli e rinunciare alle soddisfazioni della vita con ascetico distacco.

3) Il processo di alleggerimento del karma passato e di creazione di karma positivo per il futuro avviene nel presente. Tutti possiamo attuarlo a partire da adesso, senza rinunciare alla nostra identità. La felicità si trova in questa vita: la chiave per aprirne la porta l'abbiamo già in tasca.

4) Questo processo sviluppa una relazione armoniosa con l'ambiente. Progressivamente, appare quella che potremmo chiamare "fortuna" (circostanze favorevoli, trovarsi al posto giusto nel momento giusto...), ma che in realtà è una rete di effetti positivi in risposta alle nostre azioni.

Tutto sembrava molto bello, ma anche molto facile. «Non sarà un po' semplicistico?», chiesi.

Certo, se dicessimo che chi pratica il Buddismo vincerà al Lotto perché diventa fortunato, questo sarebbe un discorso assurdo. Ma cambiare il proprio destino è tutt'altra cosa. Ci vuole una pratica assidua e corretta: i risultati dipendono dall'impegno che ci si mette. La legge di causa-effetto è, in un certo senso, implacabile: inutile cercare scorciatoie. Le cause della sofferenza non si trasformeranno solo perché uno cerca di non pensarci o se ne occupa solo quando ne ha voglia. Inoltre, di fronte al proprio karma è impossibile fingere: poter ingannare se stessi è una pura illusione. Ci vuole coerenza. Ad esempio, è inutile farsi belli agli occhi della gente continuando però a creare cause negative con azioni guidate dall'egoismo. Per dirla con un proverbio: chi predica bene e poi razzola male, non vedrà miglioramenti. Da una parte crea e dall'altra distrugge. In un certo senso, il karma è... matematico.

il destino nascosto in profondità

Ci sono cause e tendenze negative che si possono "vedere" ragionando, riflettendo su se stessi o ascoltando i messaggi che arrivano dall'esterno. È quindi possibile modificarle con uno sforzo di volontà, cercando di cambiare il modo di pensare e di agire. In questo caso, la pratica buddista è utilissima per chiarire la relazione fra noi e l'ambiente e fornire l'energia vitale necessaria a sostenere lo sforzo dell'auto miglioramento.

Ma ci sono aspetti della vita che, apparentemente, sfuggono a questa logica: sofferenze che piombano inaspettate, eventi "sfortunati" di cui ci sfugge l'origine, problemi che si ripresentano sempre uguali, con una costanza disarmante. In questo caso, la razionalità non ha alcun potere: la causa esiste, ma è depositata talmente in profondità nel "magazzino interiore" che anche l'intelletto più brillante brancola nel buio.

Il Buddismo parla di nove livelli di coscienza nell'essere umano, come strati che, partendo dagli aspetti fisici, scendono via via sempre più in profondità. I primi corrispondono ai cinque sensi (vista, udito, olfatto, gusto e tatto), che ci mettono in relazione con l'esterno. La sesta coscienza è quella parte della mente che, anche in modo istintivo, elabora le percezioni della realtà circostante. La settima è rappresentata dall'io consapevole. È un livello più profondo: quello della personalità dell'individuo, dove le esperienze vengono ponderate e si sviluppano pensieri e concetti inerenti agli aspetti interiori della vita.

L'ottava coscienza rappresenta in parte ciò che la psicologia moderna definisce inconscio: un enorme magazzino, una voragine vastissima che va molto al di là delle possibilità dell'io consapevole, con le sue limitate percezioni di spazio e tempo. Tutti i pensieri, le parole, le azioni si accumulano qui, formando le cause del karma che, come semi nascosti, prima o poi matureranno, arrivando in superficie in forma di effetti positivi o negativi. È l'ottava coscienza che influenza la settima e non viceversa. Ma, ancora più in profondità, esiste la nona coscienza: il fondamento della vita, la natura di Budda dove l'energia positiva universale scorre pura e incontaminata.

Purtroppo, in condizioni normali, lo strato dell'ottava coscienza è così spesso e massiccio da bloccare l'emergere di questo flusso illuminante. Come un tappo che oscura una luce, soffoca una sorgente. Recitando Nam-myoho-renge-kyo aumentiamo la "pressione" della nona coscienza. La forza della vita universale spinge e perfora gli strati, inarrestabile. Si fa strada come acqua limpida che sgorga da una sorgente sotterranea e pulisce, purifica, lucida tutto lungo il suo percorso: il magazzino del karma, l'io consapevole, i meccanismi della mente, i sensi, la percezione della realtà. A quel punto anche le azioni, le parole, i pensieri, guidati dalle coscienze purificate e rigenerate, creeranno un karma positivo.

In questo processo, qualche detrito potrà emergere dalla voragine dell'ottava coscienza. Ma saranno effetti karmici alleggeriti, sgretolati o smussati del getto di Nam-myoho-renge-kyo. Per questo si parla di "alleggerimento della retribuzione karmica". Un disturbo momentaneo, un calcolo fastidioso che viene espulso. Molto meglio che lasciarlo ingrossare e calcificare, fino a divenire doloroso e devastante. Certo, non è possibile cancellare il karma del passato con un colpo di spugna. Ma la rivoluzione umana attivata dalla pratica buddista permette di liberarsene in modo più veloce e meno doloroso.

«Davvero interessante. Ma, se ciò che ci accade dipende dalle azioni compiute, come si spiegano i problemi che uno ha fin dalla nascita? Che tipo di cause può aver messo prima ancora di venire al mondo?»

vita, morte, vita...

Secondo il Buddismo, tutti i fenomeni sono sottoposti al ciclo continuo di nascita, morte, rinascita, morte... La vita, nel senso più profondo del temine, è un continuo movimento dove tutto si trasforma: nulla si crea dal nulla e, di conseguenza, niente si distrugge in via definitiva.

Questa entità vitale non subisce le limitazioni dello spazio e del tempo. Sono le sue manifestazioni (cioè i fenomeni fisici e psichici) che seguono il ciclo di nascita e morte: un ritmo naturale, universale; come il giorno e la notte, il susseguirsi delle stagioni, il fiorire di un albero e la caduta delle foglie. Le cellule del nostro corpo nascono e muoiono in continuazione, eppure siamo sempre vivi. Le emozioni, i pensieri, le convinzioni di quando eravamo piccoli sono probabilmente morte da tempo. Ma altre sono nate. E siamo sempre la stessa persona, che ripete continuamente il ciclo di nascita e morte. Quando una cosa muore, semplicemente si trasforma in qualcosa di diverso. Ma non per questo smette di esistere.

Il Buddismo considera l'universo come un'unica grande entità. Se lo paragoniamo a un vasto oceano, la vita di ogni individuo può essere raffigurata come un'onda in quell'oceano. Quando l'onda si alza dalla superficie c'è la nascita, e quindi la vita; quando si fonde di nuovo con le acque, c'è la morte. Così, vita e morte sono due aspetti che si alternano, due manifestazioni diverse di una stessa entità: la Legge dell'universo. Allora, morire è un po' come addormentarsi: molte parti di noi, durante il sonno, smettono di funzionare, o funzionano in modo diverso, per poi riattivarsi al risveglio.

La differenza rispetto al ciclo sonno-veglia è che quando si muore le prime sette coscienze (i sensi, la mente, l'io consapevole) si disgregano assieme al corpo. Per questo non ricordiamo le esistenze passate. Ma l'ottava coscienza (il magazzino del karma) accompagna l'entità vitale – che si fonde con la grande vita dell'universo – fino alla rinascita, quando si riaggregano nuove componenti fisiche e spirituali. Così, ogni essere vivente nasce in un determinato luogo e in una determinata condizione secondo il karma accumulato nelle esistenze precedenti. E subisce effetti derivanti da azioni compiute chissà quando. Di fronte a ciò, nessuno sforzo basato sulla ricerca razionale avrà alcun risultato. Per questo è importante avere un mezzo che consente di raggiungere e cambiare anche quel karma, che altrimenti sarebbe immutabile. Nam-myoho-renge-kyo ha questo potere.

È interessante notare come molti filosofi della Grecia antica (da Socrate a Platone, fino a Plotino) concepissero qualcosa di preesistente a noi che, in un certo senso, sceglie e determina le condizioni in cui veniamo in questo mondo. Una forza che opera nell'esistenza e stabilisce certe regole prima ancora delle influenze derivanti dall'ambiente, i genitori, l'infanzia. Come un fato, un destino personale che ci accompagna da sempre.

Naturalmente esistono diverse concezioni, filosofiche e religiose, della natura dell'esistenza e della morte. Il punto comune a tutte (Buddismo compreso) è che nessuna può fornire una prova diretta di ciò che accade dopo la morte. Allora, piuttosto che comparare le varie teorie, è probabilmente molto più utile chiedersi che tipo di influenza esercitino sulla vita reale dell'essere umano, quale di esse lo renda cioè più o meno forte, più felice o più infelice.

Scrive Daisaku Ikeda: «Il Buddismo insegna che la vita è eterna e quindi ci invita a usare questa esistenza per "lucidare" la nostra entità eterna. La felicità eterna, spiega, sta precisamente nell'impegnarsi in questo senso. Una volta assunto che la vita continua eternamente oltre il passato, il presente e il futuro, realizzare la propria rivoluzione umana diviene lo scopo fondamentale dell'esistere. Quando si lucida e si rivoluziona la propria vita, allora vivere diventa una gioia, morire diventa una gioia e anche le future esistenze saranno felici. Cosa altro si può definire eterno?... Il fatto è che la gente trova così spiacevole riflettere sulla propria vita e guardare in faccia la propria fine, che cerca in continuazione qualcosa che possa assorbire tutto il suo interesse. Così, sfuggendo il punto essenziale – quello cioè di sviluppare al massimo la propria esistenza – arriva a morire senza essersi mai preparata a quel momento... Tolstoj scrisse: "La morte è più certa del domani, della notte che segue il giorno, dell'inverno che segue l'estate. Perché allora ci prepariamo per la notte e per l'inverno, ma non per la morte? Dobbiamo farlo. Ma c'è solo un modo per preparasi alla morte: vivere bene"...».

E prosegue Ikeda:

«Vivere bene significa sviluppare, coltivare ed elevare la propria vita... La felicità non esiste al di fuori di noi. Va trovata nell'intimo, nel proprio stato vitale. La civiltà moderna porta a rivolgere lo sguardo all'esterno; la nostra, si dice, è una civiltà che ha scordato la morte, e la gente cerca di esorcizzarla non pensandovi o cercando di evitare ogni contatto con essa. Ma ignorare la morte significa forse arricchire la vita? La scienza può ritardare il momento della fine, ma non può eliminarlo. La morte è condizione della vita, cui nessuno può sottrarsi. Dunque, una civiltà che ha dimenticato la morte ha dimenticato l'individuo e non è certo capace di guidarlo alla felicità...».

Mentre ascoltavo queste parole mi accorsi che una parte di me vagava. Osservavo i volti della gente seduta intorno: una decina di persone riunite in questa casa a due passi dalla mia. Sembravano molto diverse l'una dall'altra, per età, condizione sociale, livello di istruzione. Uno strano gruppo. Eppure, tutte praticavano questo Buddismo. In un angolo, un po' in disparte, avevo assistito alla loro preghiera. La recitazione di Nam-myoho-renge-kyo, come un coro ritmato. E poi, sempre insieme, la lettura di un libretto che sembrava un canto dalle parole incomprensibili. Dubbi, perplessità, scetticismo, si alternavano in me. Ma anche interesse, curiosità. Poi avevamo iniziato a parlare. Prima di tutte queste spiegazioni, mi avevano raccontato perché lo facevano. Una ragazza poco più che ventenne parlò con entusiasmo di come l'insegnamento buddista, a cui si era avvicinata per semplice curiosità, in pochi mesi le avesse aperto nuovi orizzonti: ideali di pace, di impegno sociale e ambientale da perseguire; un motivo per impegnarsi nelle sfide della vita, guardando al futuro con una fiducia che prima non conosceva.

Un uomo di mezz'età ironizzò sulla sfortuna che lo aveva sempre perseguitato negli affari. Sembrava che il mondo ce l'avesse con lui: qualunque attività intraprendesse, finiva nei debiti. Praticando aveva rivoluzionato il suo punto di vista e, di conseguenza il modo di porsi e di agire: adesso, diceva, aveva un mezzo per cambiare le cause del suo problema, invece di affannarsi a inseguire gli effetti. E, piano piano, i risultati si vedevano. Il suo era il tono fresco di chi sente di aver smosso un macigno.

Una donna piuttosto anziana raccontò di come la recitazione le avesse dato la forza per affrontare una malattia. Certo, si era anche curata. Ma, invece di rassegnarsi come altre sue coetanee, aveva lottato e vinto, e ora si sentiva «come una ragazzina piena d'energia». E devo dire che si vedeva. Anche il suo matrimonio, dopo anni di declino nell'abitudine, era «rinato».

Un uomo sulla quarantina praticava il Buddismo da quindici anni e certamente, disse, molti aspetti della sua vita erano ancora tutt'altro che a posto. Ma guardandosi indietro non poteva fare a meno di rallegrarsi: il miglioramento era lento ma costante; come un albero che cresce giorno per giorno, senza che ce ne accorgiamo.

Una donna abbastanza giovane disse invece che la sua era sempre stata una vita tranquilla: una famiglia senza problemi particolari, un buon lavoro, una cerchia di amici; in teoria non le mancava niente. Ma c'era un senso di vuoto interiore che cominciava a farsi largo; un disagio impalpabile. «Come se il cuore si stesse inaridendo», le sue parole. Così aveva provato, e oggi poteva confermare che Nam-myoho-renge-kyo rivitalizza l'esistenza: «C'è qualcosa di grande che cresce in te e ti cambia il senso della vita, gli obiettivi da raggiungere, la natura dei desideri, la voglia di impegnarsi per dare agli altri invece di chiedere».

Un'altra persona raccontò in cinque minuti gli ultimi anni della sua vita: un elenco di situazioni difficili, conflitti sentimentali mai risolti, sofferenze per la malattia di un figlio, problemi finanziari a catena. Alla fine aveva provato a praticare il Buddismo, superando con fatica remore intellettuali e convinzioni religiose. Da allora era stato un susseguirsi di eventi positivi eclatanti, che mi sbalordivano via via che li snocciolava, tanto sembravano impossibili. Ora, disse, aveva la certezza che nessun problema nel futuro sarebbe stato insormontabile.

Sembrava che ognuno avesse qualche risultato da raccontarmi. Esperienze concrete. Così, dicevano, era nata la loro fede. E andavano avanti sperimentando, confermando con i risultati. Mi sembrava gente "vera", genuina. Il loro entusiasmo, la loro convinzione, al di là delle parole, mi attraevano: c'era un calore, un sereno ottimismo. Un'energia. Qualcosa di rassicurante. Una sensazione nuova, che mi toccava. E le spiegazioni teoriche, le motivazioni del funzionamento di questa pratica, sembravano tutt'altro che campate in aria...

E se davvero funzionasse? Ma no. Non potevo mettermi così di punto in bianco a recitare frasi mistiche.

Tornai ad ascoltare la spiegazione teorica. Ma subito interruppi il discorso:

«Sì, quel che dite è bello. Ma l'unico modo per sapere se è anche vero, è provarci...»

Infatti. Potremmo parlare per un anno intero, leggere decine di libri e trattati filosofici, comparare le diverse concezioni dell'esistenza. Ma rimarresti sempre col dubbio. L'importante è verificare concretamente tutto ciò che è stato detto, altrimenti saranno sempre teorie. Provare non costa niente, solo un po' di tempo da dedicare. Non ci sono sedute o corsi a pagamento da seguire. Tutti quelli che lo fanno già sono a tua disposizione per darti una mano: non si pratica il Buddismo solo per se stessi.

Ognuno ha certamente qualche aspetto della sua vita che vorrebbe cambiare, migliorare. Un problema da risolvere, qualcosa che fa soffrire, una paura che blocca, qualche insoddisfazione che disturba; un desiderio, un sogno da realizzare, una malattia da superare. Questa pratica serve per migliorare la propria vita: non è un esercizio intellettuale. Si pratica per vincere. Non importa quanti problemi o sofferenze abbiamo: la vita è sempre più forte, in grado di superare qualunque ostacolo. Il modo migliore per avvicinarsi al Buddismo di Nichiren Daishonin è sfidarlo, metterlo alla prova con obiettivi concreti da verificare. Ma, come in tutte le sfide, ci sono delle regole da seguire. Se non si prova in modo corretto, almeno per qualche mese (visto che non stiamo parlando di magia o miracoli), dopo sarà inutile recriminare che non ha funzionato.

la pratica in pratica

La prima cosa è la recitazione di Nam-myoho-renge-kyo, che va fatta con ritmo dinamico: né frenetico, né soporifero. La voce dovrebbe essere sufficientemente sonora, sempre che ciò non disturbi qualcuno intorno. Si può fare da soli e, quando c'è l'occasione, in compagnia. L'importante è recitare tutti i giorni, cercando di dedicarvi un tempo costante. L'ideale sarebbe almeno un'ora al giorno, distribuita secondo le proprie esigenze. Ad esempio mezz'ora la mattina e mezz'ora la sera.

Durante la recitazione è normale che la mente vaghi, seguendo il corso dei pensieri che affiorano di continuo. Bisognerebbe però cercare di non distrarsi troppo, magari concentrandosi sul suono, sul ritmo. Piuttosto che pensare agli obiettivi da raggiungere (che già dovremmo conoscere bene senza bisogno di ripeterceli), è meglio semmai ricercare e far affiorare la determinazione di raggiungerli.

La recitazione è una preghiera, che va quindi affrontata con una certa dose di serietà e solennità, mantenendo un atteggiamento dignitoso e dedicandogli uno spazio esclusivo della nostra giornata. Ad esempio, recitare sdraiati sul letto o mentre si lavano i piatti non va bene.

La parola "preghiera" mi colpì: «Ma allora stiamo

parlando di una religione. Insomma, cos'è: una preghiera, una forma di meditazione, un esercizio di auto convincimento?»

Questa è una religione. Dove però non ci si rivolge a un'entità esterna e superiore. Non si chiede, non si implora qualcuno di concederci qualcosa. La preghiera è l'invocazione: il mezzo per attingere alla Legge della vita dentro ognuno di noi. Quella potenzialità nascosta che, emergendo, alleggerisce e illumina l'esistenza.

Prendendo in prestito le parole di Gandhi (che pure non era buddista): «Quando prego io chiedo a me stesso, al mio Io superiore, al Vero Io con cui non ho ancora raggiunto una completa identificazione... Quella Divinità che è in ognuno di noi e in ogni cosa, animata o inanimata che sia. Il significato della preghiera è per me la volontà di evocare tale divinità in me nascosta».

Ecco, se una "divinità" esiste si trova già dentro ogni essere umano. Motivo per cui in questa pratica non c'è bisogno di un clero che faccia da intermediario tra noi e una eventuale forza esterna e superiore. La Buddità interiore ha solo bisogno di essere risvegliata. Quando si recita bisogna cercare di credere profondamente che Nam-myoho-renge-kyo è la nostra vita stessa. In questo senso, "fede" significa dedicarsi con determinazione e speranza; affidarsi con sincerità alla propria natura illuminata. Invocarla con forza.

Un altro aspetto importante della pratica è la recitazione di un libretto, dove si trovano alcuni brani fondamentali del Sutra del Loto. Di tutti gli insegnamenti (chiamati sutra, appunto) impartiti da Siddharta nel corso di oltre quaranta anni di predicazione, è proprio nel Sutra del Loto che il Budda rivela l'esistenza di una forza vitale universale che genera, permea e regola tutti i fenomeni della vita. È un testo che, rivelando il tesoro nascosto della vita, possiede il calore per incoraggiare chi è triste, infonde il coraggio per scacciare ogni paura.

Siddharta (o Shakyamuni), illuminatosi a questa verità che è alla base della vita, iniziò circa venticinque secoli fa la propagazione, ben consapevole che il suo insegnamento avrebbe scardinato convinzioni fortemente radicate nei suoi ascoltatori. Decise dunque di raggiungere il suo obiettivo finale (la rivelazione della Legge dell'universo) tramite una serie di insegnamenti che adattava via via al livello di comprensione dei suoi discepoli.

Ma il Sutra del Loto, predicato da Shakyamuni negli ultimi anni della sua vita e annunciato dall'affermazione: «Ora esporrò la Legge suprema», contiene princìpi rivoluzionari rispetto agli insegnamenti precedenti: in esso viene superata la concezione del Budda come semplice essere storico da cui prendere esempio. Il Budda è ora rivelato come un principio universale fatto di gioia, libertà, compassione, uguaglianza; una potente condizione vitale positiva presente dovunque, e in particolare nella vita di ogni essere umano.

Si potrebbe affermare che il Sutra del Loto è la prima "Dichiarazione universale dei diritti umani" perché, rivoluzionando la concezione allora comune, afferma con forza la fondamentale uguaglianza fra gli esseri umani: ogni individuo ha dentro di sé lo stesso potenziale, quindi può diventare felice e contribuire al prosperare della società. Tutto ciò indipendentemente dalla condizione attuale, dal sesso, dalla cultura o dall'epoca.

È un insegnamento che ci porta nell'emozionante dimensione interiore dove si annullano le apparenti differenze fra l'individuo e la forza dell'universo. Una dimensione difficile da descrivere con le parole, perché trascende le ordinarie concezioni di spazio, tempo, possibile, impossibile, buono, cattivo. Scavalca i limiti della nostra mente per scendere nelle profondità della vita cosmica, dove l'istante presente racchiude il passato e il futuro: il qui è anche il dovunque; il bene esiste anche nel male peggiore, come un veleno che si trasforma in medicina. Così, ci si risveglia alla verità che ognuno è un Budda e che un cambiamento interiore può trasformare ogni cosa.

Fu Nichiren Daishonin, nel Giappone del 1200, ad affermare con forza che l'essenza del Buddismo è contenuta nel Sutra del Loto. In particolare, nel secondo e sedicesimo capitolo e – ancor di più – nel titolo: la sintesi suprema che racchiude tutti i significati in una sola frase. Come già detto, Myoho-renge-kyo è il titolo del Sutra del Loto nella sua versione cinese del 406 d.C., generalmente riconosciuta come la più completa e autorevole fra le tante traduzioni. Ecco perché la pratica del Buddismo di Nichiren Daishonin comprende la recitazione del titolo e dei due capitoli del sutra. Questi ultimi sono come un poema, un inno alla vita che appaga, rinfresca e rivitalizza il nostro animo, perché cantato nella lingua universale del Budda. La lingua che la Buddità in tutti gli esseri umani riconosce.

Naturalmente è possibile studiare il significato del sutra, di cui esistono la traduzione e accurate spiegazioni. Così come per tutti i princìpi del Buddismo è disponibile una gran quantità di materiale per approfondirne la conoscenza. Lo studio della filosofia buddista, oltre alla recitazione, è parte integrante della pratica. Non si tratta di diventare dei dotti studiosi, ma semplicemente di comprendere meglio ciò che si fa, risolvendo dubbi e incertezze, cercando soluzioni ai problemi grazie alla saggezza millenaria di questa religione. Una bussola per trovare la direzione nel caos in cui siamo immersi.

«Un'ora di "Nam-myoho-renge-kyo", più la recitazione di questo libretto, che fra l'altro mi sembra difficile da imparare; in più, lo studio... Non sarà un po' impegnativa questa pratica?»

Certamente lo è: si tratta di sviluppare una potenzialità nascosta per cambiare la propria vita. Non è un obiettivo da poco. Ma nessuno ha il potere di cambiare la tua realtà al posto tuo. Il nostro corpo ha bisogno di essere nutrito tutti i giorni e più di una volta. Questo è il ritmo naturale: non si può mangiare a crepapelle per tre giorni e poi digiunare un mese. Anche lo stato vitale funziona così: necessita di un nutrimento costante.

La recitazione del sutra andrebbe fatta due volte al giorno, abbinata a quella di Nam-myoho-renge-kyo. Non è difficile da imparare, specialmente se si sfrutta l'aiuto delle persone che già lo fanno. Una volta presa dimestichezza, non occorrono più di 5 minuti. A questo punto, una pratica corretta impegnerebbe circa un'ora e dieci al giorno. Naturalmente questa è solo un'indicazione: non esiste un tempo minimo quotidiano obbligatorio. Diciamo che più è corretto l'approccio e prima è possibile vedere il cambiamento. D'altra parte, spesso ci si lamenta di non avere tempo; ma poi, quando una cosa realmente ci interessa, appassiona, o preoccupa, il tempo da dedicargli appare come per incanto.

Per quanto riguarda la comprensione delle parole del sutra, vale lo stesso discorso fatto per Nam-myoho-renge-kyo. Si tratta di suoni che attivano l'energia dell'universo. È inutile arrovellarsi più di tanto sulle teorie: siamo di fronte a un ritmo naturale. D'altra parte noi non respiriamo grazie al fatto di aver capito i complessi meccanismi dei polmoni, dell'ossigeno portato alle cellule, eccetera. Lo facciamo e basta. Un neonato che prende il latte dalla madre non si chiede per quale motivo ciò lo faccia crescere. Una "saggezza" naturale in lui sa che è la cosa giusta. A cosa gli servirebbe aspettare fino al giorno in cui ha compreso tutte le leggi della biologia? Se questa pratica ci mette davvero in contatto con la Legge che regola la vita, funziona anche se non ci crediamo. L'unica possibilità di togliersi i dubbi, una volta per tutte, è di verificarne il funzionamento.

«E quella pergamena davanti alla quale avete recitato prima cosa rappresenta?»

Si chiama Gohonzon. È una parola giapponese, che letteralmente significa: "Oggetto di fondamentale rispetto e degno di onore". Il Gohonzon è l'oggetto di culto davanti al quale si pratica.

lo specchio della vita

L'esigenza di avere un oggetto di culto non è tipica solo della religione. Ciascuno di noi, in modo più o meno consapevole, se ne crea uno che, anche se astratto e personale, assolve la stessa funzione dell'oggetto di culto religioso: fornire un punto di riferimento verso cui indirizzare le proprie ambizioni, le speranze, i desideri. Per alcuni la famiglia è al di sopra di ogni cosa. Altri mettono al primo posto la carriera, il denaro, il potere; oppure i beni materiali, una squadra di calcio, gli animali, magari un cantante... Un oggetto di culto è ciò per cui viviamo, su cui basiamo la nostra felicità e che influenza ogni aspetto della nostra vita. Spesso capiamo quale sia questo oggetto solo nel momento in cui lo perdiamo: quando il nostro compagno/a ci lascia, il denaro svanisce, la carriera si blocca. Nel momento doloroso della perdita e della separazione ci rendiamo conto fino a che punto abbiamo basato la nostra vita su qualcosa di esterno a noi.

Il Gohonzon non è qualcosa di esterno: non ha niente a che vedere con idoli o reliquie da adorare. Lo si potrebbe definire uno specchio, che però, invece di riflettere l'aspetto fisico, presenta la vita interiore alla luce dei dieci mondi. È un po' come un quadro, che attraverso i segni e i colori manifesta e trasmette lo stato d'animo del pittore, toccando il corrispondente stato d'animo dentro di noi. Nichiren Daishonin iscrisse il Gohonzon originale (da cui sono tratte le copie davanti alle quali si recita) per realizzare il desiderio di condurre alla felicità tutti gli esseri umani anche dopo la sua morte. Come un pittore illuminato, Nichiren riversò nella materia la sua condizione vitale, cosicché, mentre recitiamo davanti a questo oggetto, esso agisce da causa esterna che stimola e fa emergere la Buddità interna. Il Gohonzon è un *mandala*: un oggetto simbolico, un'immagine dotata del potere di evocare non qualcosa di esterno e soprannaturale, ma qualcosa di profondo e interiore: la Buddità di ogni essere umano.

Di fronte a un concetto apparentemente così lontano dalla visione occidentale moderna, è significativo come Jung si sia spinto a parlare delle immagini *mandala*: il simbolo del Sé, dell'unione e totalità della personalità, che trascende l'intelletto, riunisce e libera le energie. Potenti immagini-simbolo, dunque, comuni a tutto il genere umano di ogni epoca.

Il Gohonzon è quindi un oggetto di culto che rappresenta una condizione vitale già esistente in tutte le persone.

noi e gli altri

Perché la preghiera possa manifestare i suoi effetti benèfici deve trasformarsi in azione. La vita cambia concretamente quando si trasforma la natura delle proprie azioni (cioè le cause del karma) liberandosi dalle costrizioni dell'egoismo. I princìpi del Buddismo dovrebbero essere messi in pratica nella vita quotidiana. Solo così l'"arma" di Nam-myoho-renge-kyo può rivelarsi vincente, propagando i suoi effetti nella rete di relazioni del nostro ambiente. Il Sutra del Loto e Nichiren Daishonin insegnano a vivere osservando serenamente la realtà dalla prospettiva di un'elevata condizione vitale, e allo stesso tempo impegnandosi attivamente nella riforma della realtà. Chi pratica il Buddismo non lo fa solo per sé. Sarebbe un controsenso. La saggezza derivante dallo stato vitale deve trasformarsi in azioni compassionevoli. Si è buddisti non solo quando si prega, ma in tutti gli aspetti della vita quotidiana. Ciò che resta inciso nel karma è l'azione altruistica e compassionevole di aiutare le persone a diventare felici. Recitando Nam-myoho-renge-kyo si sviluppa questo potere, che trasforma ogni persona comune in una grande persona. Allora, tutto l'ambiente circostante risponderà: la legge di causa-effetto attraverso le tremila condizioni in un istante renderà quella persona come una calamita che attira fortuna e benefici. Questo è esattamente l'obiettivo della Soka Gakkai.

un'organizzazione per diventare grandi persone comuni

La Soka Gakkai è l'organizzazione che ha diffuso nel mondo il messaggio di Nichiren, mettendolo a disposizione di tutti. Il suo nome significa "Società per la creazione di valore", dove il termine "valore" non ha niente a che vedere con i concetti economici. L'obiettivo è quello di valorizzare la vita di ogni persona attraverso la diffusione della cultura del Buddismo: creare una società pacifica basata sul massimo rispetto per la vita, i diritti umani, le diversità, la natura; attraverso il dialogo, la fratellanza, lo sviluppo dell'educazione. La Soka Gakkai è un'assemblea di gente comune il cui obiettivo è quello di rendere le persone forti, sagge e allegre: non un gregge di pecore, ma un campo con una miriade di fiori diversi, dove ognuno manifesta le sue qualità specifiche.

Per quasi 700 anni dopo la sua morte, l'insegnamento di Nichiren era rimasto confinato in Giappone. In particolare, solo pochi laici facevano capo a piccole scuole governate da monaci, come la Nichiren Shoshu. Nel 1928 Tsunesaburo Makiguchi, direttore di una scuola elementare, e Josei Toda – giovane insegnante – si convertono al Buddismo di Nichiren Daishonin e due anni dopo fondano a Tokyo la "Società educativa per la creazione di valore". Nasce il primo nucleo organizzato di praticanti laici, l'embrione della Soka Gakkai, che nel 1940 conterà circa duemila membri. Ma, con lo scoppio della seconda guerra mondiale, il governo militarista dell'epoca attua una vera e propria repressione delle libertà, a partire da quella di religione. Chi non si piega al culto dell'imperatore rischia l'arresto. I monaci della Nichiren Shoshu accettano il compromesso; Toda e Makiguchi no, e vengono quindi arrestati. Quest'ultimo muore settantatreenne in prigione, a causa del freddo e della denutrizione.

Toda viene rilasciato nel 1945, alla fine del conflitto. Nella Tokyo distrutta dai bombardamenti, ricomincia da capo a diffondere gli ideali di pace. Deve fare tutto da solo: i membri della Soka Gakkai nel frattempo sono dispersi, e alla prima riunione del 1946 si presentano in tre. Ma ciononostante egli prosegue instancabile le sue attività, aiutato poco dopo dal giovane Daisaku Ikeda, che nel 1947 aveva iniziato a praticare il Buddismo del Daishonin. Il movimento riprende vigore e si espande rapidamente. Nel 1957, mentre il mondo è in piena guerra fredda e si affanna nella corsa agli armamenti, la voce di Toda è una delle prime a denunciare pubblicamente il delirio nucleare: «Questo assurdo e mostruoso strumento di morte». Una voce fuori dal coro: un pacifismo concreto e lungimirante, in assoluta controtendenza rispetto al principio vigente all'epoca, secondo cui in fondo le armi – con il loro potenziale intimidatorio – servivano a mantenere la pace.

Alla morte di Toda, nel 1958, circa 765.000 famiglie giapponesi fanno parte della Soka Gakkai. Nel 1960 assume la presidenza Daisaku Ikeda, che subito inizia a diffondere gli ideali e la pratica del Daishonin nel mondo, viaggiando continuamente per incoraggiare l'esiguo numero di membri dispersi in poche nazioni fuori del Giappone. Nel 1975 fonda la Soka Gakkai Internazionale, che in quel momento conta aderenti in 51 paesi del mondo e dal 1981 entrerà a far parte dell'ONU come organizzazione non governativa. Successivamente verrà ammessa nella Federazione mondiale delle associazioni non governative delle Nazioni Unite.

Ma questo grande sviluppo dell'organizzazione laica riaccende i contrasti con il clero della Nichiren Shoshu, che già durante la guerra si era dimostrato meno ortodosso dei laici. Paradossalmente, a dispetto dello scopo ultimo del Daishonin, i monaci guardano con diffidenza questa repentina apertura al mondo contemporaneo. Evidentemente imbevuto di conservatorismo, il clero sembra colto di sorpresa da questo sviluppo dopo sette secoli di gestazione, e invece di sostenerlo lo ostacola. Cerca di imbrigliare la dinamica modernizzazione multiculturale della Soka Gakkai imponendo un immobilismo fatto di regole anacronistiche, rigide tradizioni nipponiche, idee e riti formali, privi ormai di ogni legame col quotidiano. Lo spostamento del baricentro, dal Giappone ai cinque continenti, turba i monaci, che si rivelano incapaci di allargare i loro orizzonti. E forse temono di perdere il privilegio di sentirsi depositari di qualche potere speciale. Un privilegio che, senza alcun fondamento nell'insegnamento di Nichiren, evidentemente si sono autoconferiti.

Così, mentre i laici guidati da Ikeda proseguono a diffondere il Buddismo di Nichiren nel mondo, nel 1991 il clero giapponese, sempre più arroccato, tenta l'ultima carta: con un provvedimento dal sapore medievale scomunica i membri della Soka Gakkai Internazionale, tacciati di "eresia". Arrogandosi, di fatto, un potere "divino" del tutto estraneo alla dottrina del Daishonin. Di fronte a un gruppo di preti che si comporta in aperto contrasto con gli obiettivi universali del Buddismo, la moltitudine di laici in tutto il mondo rompe definitivamente i rapporti con il clero. La Soka Gakkai Interzionale (SGI) diventa un movimento religioso di laici impegnato a diffondere gli ideali di pace attraverso la promozione degli scambi culturali e del dialogo fra i popoli; la sensibilizzazione verso temi come i diritti umani e il rispetto dell'ambiente.

Oggi la SGI dimostra l'universalità e l'attualità dell'insegnamento di Nichiren, contando ormai oltre 12 milioni di membri con enti religiosi e associazioni varie in 190 paesi del mondo. Ed è solo grazie a tale organizzazione se siamo qui a parlare di questo Buddismo.

In Italia il movimento muove i primi passi a partire dalla metà degli anni '70. Nel 1998 si costituisce pubblicamente l'Istituto Buddista Italiano Soka Gakkai, riconosciuto ufficialmente con Decreto del Presidente della Repubblica il 20 novembre 2000. Può entrarne a fare parte chiunque – senza distinzione di sesso, di lingua, di nazionalità, di opinioni politiche – si impegni ad abbracciare e praticare i princìpi religiosi, etici e umanitari del Buddismo di Nichiren Daishonin. In accordo coi princìpi guida della Soka Gakkai Internazionale – pace, cultura ed educazione – l'Istituto buddista è particolarmente attivo nella società italiana ed europea. Negli ultimi anni, tanto per citare alcuni esempi, ha affiancato la comunità di Sant'Egidio nella raccolta di firme per una moratoria della pena di morte, raccogliendone oltre 600mila in due anni e impegnandosi in altrettanti dialoghi umani in difesa dei valori della vita e della giustizia; ha scritto, promosso e fatto approvare in Campania una legge regionale di iniziativa popolare per l'educazione alla pace; ha organizzato decine di conferenze, spesso in collaborazione con i maggiori atenei italiani, sulla tutela dei diritti umani e sulla pace, con la partecipazione di esperti nazionali e internazionali. E, su questo fronte, dal 1996 sta organizzando nelle principali città italiane una mostra itinerante sui diritti umani, visitata in ogni occasione da decine di migliaia di persone che, grazie agli inviti rivolti alle scuole, sono per oltre la metà giovani o giovanissime.

Inoltre, due volte al mese (ogni prima e terza settimana) i membri dell'Istituto Buddista Italiano Soka Gakkai organizzano in tutta Italia riunioni di introduzione e di discussione aperte a chiunque sia interessato. Si svolgono generalmente in case private messe a disposizione dai membri stessi: migliaia di piccoli gruppi dove, come fra amici, è possibile chiedere delucidazioni, ascoltare le esperienze dirette di chi ha verificato il funzionamento del Buddismo di Nichiren Daishonin, approfondire gli aspetti teorici. Proprio come stiamo facendo qui adesso.

un maestro

L'idea di maestro richiama alla mente un'immagine di cattedre, banchi di scuola, nozioni. Ma, soprattutto nella tradizione orientale, il maestro è colui che, oltre a insegnare, indica la via con l'esempio concreto. Daisaku Ikeda è certamente un maestro di vita e di Buddismo. Il suo obiettivo è rendere i discepoli migliori di lui: forti, saggi, liberi, perché possano portare avanti con gioia e coraggio gli ideali di pace e rispetto per la vita, come lui fa instancabilmente da molti decenni.

Convinto che il dialogo sia la chiave per trascendere le diversità filosofiche, religiose, politiche, culturali, Ikeda ha costruito, a nome della Soka Gakkai Internazionale, una rete di amicizia e fiducia su scala mondiale. Ha incontrato capi di stato ed esponenti culturali di rilievo in tutto il pianeta, al di là di ogni schieramento politico e ideologico: da Nelson Mandela a Fidel Castro, da Henry Kissinger a Zhou En Lai a Michail Gorbaciov.

Autore prolifico, profondo conoscitore e grande divulgatore della filosofia buddista, ha scritto numerosi libri tradotti in molte lingue. Ha tenuto conferenze nei più prestigiosi atenei del mondo e, in virtù delle sue attività in nome della pace e della cultura, ha ricevuto numerosi riconoscimenti internazionali (fra cui il Premio per la pace delle Nazioni Unite) e poi lauree honoris causa e cattedre onorarie da università di tutto il mondo. Scrive di lui Johan Galtung, uno dei principali studiosi di pace e diritti umani a livello internazionale: «Daisaku Ikeda è un leader mondiale che, rendendosi conto in modo pieno e profondo della relazione tra Buddismo e pace, ha sicuramente fatto della Soka Gakkai un importante elemento del movimento mondiale per la pace».

Il maestro Ikeda ha tracciato la strada, ha creato la base per permettere ai discepoli, le persone come noi, di diventare grandi persone: esseri umani che, lottando per superare i propri limiti, contribuiscono alla pace e alla prosperità del pianeta.

«L'obiettivo mi pare molto bello, ma anche ambizioso. Di fronte al caos, i disastri ambientali, l'inquinamento, le guerre, le ingiustizie economiche, le epidemie, spesso si viene sopraffatti da un senso di impotenza. Cosa posso fare io per migliorare il mondo? E in definitiva, cosa può fare il Buddismo? Non sarà utopia idealista la vostra?».

il mondo in un chicco di grano

È vero, la situazione globale non è allegra. Negli ultimi secoli l'umanità ha vissuto tre grandi rivoluzioni: scientifica, industriale e tecnologica. Ma sono tutte rivoluzioni esterne: gli esseri umani hanno accumulato un'immensa mole di conoscenze, ma rimangono con un'immensa ignoranza spirituale. Manca la saggezza per usare al meglio queste conoscenze. Una cosa sembra certa: il progresso tecnico-scientifico non è sufficiente, da solo, a cambiare il destino del pianeta. Quel che serve ora è un rinascimento spirituale, una rivoluzione dell'essere umano. Un progresso che stavolta parta dal cambiamento profondo nei cuori delle persone.

In uno dei suoi più importanti trattati (*Assicurare la pace nel paese attraverso l'adozione del vero Buddismo*, scritto nel 1260) Nichiren Daishonin afferma che gli individui, oscurati «dalle illusioni cui sono attaccati, continuano a nutrire idee errate... Voltano le spalle a ciò che è bene e seguono ciò che è male». Sono i tre veleni nel cuore dell'essere umano – dice il Daishonin – la causa originaria dei disastri. Collera, Avidità e Stupidità producono azioni distruttive, che dai singoli si espandono su vasta scala. Da qualunque dei tre si cominci, il risultato finale non cambia: guerre, distruzioni, disastri ambientali, carestie, povertà, fame, epidemie... in una catena che si autoalimenta, diventando un circolo vizioso. E dai tempi di Nichiren le cose non sembrano migliorate. Anzi, come notava nel 1973 lo psicologo e sociologo Erich Fromm, pare semmai che la distruttività umana si sviluppi su vasta scala nella stessa misura in cui si sviluppa la civiltà e, con essa, il ruolo del potere in tutte le sue forme. E non si tratta solo di una distruttività indirizzata verso l'esterno.

Scrive Daisaku Ikeda: «Il ventesimo secolo è stato caratterizzato da un osceno e totale disprezzo per la vita umana. Ha depauperato, inaridito e contaminato le sorgenti della vita. I progressi e i miglioramenti realizzati in tale periodo sono stati praticamente tutti di ordine materiale e fisico, mentre è innegabile che, per quanto riguarda la dimensione interiore, invece di avanzare si sia andati indietro. In un percorso che sembra a senso unico, la vita spirituale dell'umanità si è ristretta e atrofizzata, prigioniera di quello che il Buddismo definisce "piccolo io", una condizione di isolamento che si verifica quando vengono recisi i legami fra gli esseri umani e fra questi e l'universo».

Per trasformare il mondo, quindi, bisogna partire da se stessi, trasformare la propria condizione spirituale: la recitazione di Nam-myoho-renge-kyo è il mezzo pratico e accessibile a tutti per rivoluzionare e purificare i dieci mondi. E, con essi, i tre veleni e il karma. Per usare uno slogan caro agli ambientalisti, se si vogliono cambiare le cose, bisogna pensare in modo globale, ma poi agire a livello locale. Allora, il primo luogo dove "mettere le mani" è proprio... dentro di noi.

Attraverso questa pratica si sviluppano le potenzialità positive dell'essere umano: uno stato vitale elevato e una saggezza illuminata, che a loro volta influenzano il modo di pensare e, alla fine, le azioni. Diviene quindi possibile creare intorno a noi un movimento basato sulla cultura del Buddismo: la pace, la compassione, il rispetto per la vita e quindi anche per la natura. È una rivoluzione umana del singolo, che farà sentire i suoi effetti concreti nella sfera di influenza di ognuno: il nostro piccolo mondo della famiglia, le amicizie, il lavoro, l'ambiente naturale in cui ci muoviamo ogni giorno... All'aumentare a ritmo esponenziale dei tre veleni (con il loro fardello di egoismo, cinismo, sofferenze, illusioni, frenesie consumistiche, mancanza di speranza...) sarà possibile contrapporre l'invincibile forza della vita universale: un'ondata di Buddità nella vita quotidiana. Utopia idealista? Eppure, anche nella più rigorosa e prevedibile delle scienze, la matematica, possono esserci risultati sbalorditivi. Un aneddoto ce lo dimostra.

Accadde nell'antica Persia che il Gran Visir, consigliere del re, inventasse un nuovo gioco, dove le pedine si muovevano su una scacchiera composta da sessantaquattro quadrati: nascevano gli scacchi. Il re, entusiasta, chiese al Gran Visir cosa desiderasse come ricompensa per la sua meravigliosa invenzione. Lui era un uomo modesto, rispose, e quindi si accontentava di una ricompensa modesta.

Chiese che gli venisse dato un chicco di grano per il primo quadrato della scacchiera, due per il secondo, quattro chicchi per il terzo e così via, raddoppiando il numero ogni volta, fino a raggiungere l'ultimo quadrato. Al re parve una ricompensa troppo modesta: in fondo si trattava solo di un mucchietto di grano. Ma il Gran Visir, rifiutando le profferte di palazzi e gioielli, lo convinse. Quando però si iniziò il conteggio dei chicchi, il re ebbe un'amara sorpresa. Il numero di chicchi, che all'inizio era piuttosto contenuto – 1, 2, 4, 8, 16, 32, 64, 128, 256, 512, 1024... – giunti al sessantaquattresimo quadrato era divenuto colossale: aveva raggiunto l'impressionante cifra di 18,5 miliardi di miliardi (cioè 18.500.000.000.000.000.000), per un peso complessivo di circa 75 miliardi di tonnellate. Più o meno il raccolto di diecimila anni di tutti i campi di grano della Terra. Questa è matematica: si chiama crescita esponenziale.

Da un solo chicco di grano un'enorme montagna. Da un solo, infinitesimo istante di vita, tremila condizioni possibili. Da una sola frase, l'energia dell'intero Universo. Da una sola persona che apprende e fa tesoro dell'arte di vivere, deriva un mondo migliore.

Scrive Ikeda: «La società e persino la Terra cambiano secondo lo stato vitale del popolo che vi abita. Il potere di trasformare l'ambiente risiede nel cuore dell'essere umano. Una grande rivoluzione umana nella vita di una persona può cambiare il destino del genere umano e del pianeta».

Che ne dici, vuoi provare?

indirizzi

L'Istituto Buddista Italiano Soka Gakkai è presente in tutta Italia.

Per avere informazioni:

Sede
Via di Bellagio, 2/E
50141 - Firenze
Tel. 055 426 971
Fax 055 450 383

Email: info@sgi-italia.org
Sito Internet: www.sgi-italia.org

bibliografia

LUDWIG VAN BEETHOVEN, *Autobiografia di un genio. Lettere, pensieri, diari* (a cura di Michele Porzio), Mondadori, Milano, 1996.

FRITJOF CAPRA, *Il Tao della fisica,* Adelphi, Milano, 1982.

FRITJOF CAPRA, *La rete della vita. Una nuova visione della natura e della scienza,* Sansoni, Milano, 1998.

RICHARD CAUSTON, *The Buddha in Daily Life. An Introduction to the Buddhism of Nichiren*, Rider, London, 1995.

NICHIREN DAISHONIN, *Assicurare la pace nel paese attraverso l'adozione del vero Buddismo (Rissho ankoku ron),* a cura di Tomohiro Matsuda, Esperia, Milano, 1991.

GLI SCRITTI DI NICHIREN DAISHONIN, voll. 1-9, Istituto Buddista Italiano Soka Gakkai, Firenze, 1991-2000.

PAUL DAVIES, *Sull'orlo dell'infinito,* Mondadori, Milano, 1985.

KAREL DOBBELAERE, *La Soka Gakkai. Un movimento di laici diventa una religione,* Editrice ELLEDICI, Torino, 1999.

ERICH FROMM, *Fuga dalla libertà*, Mondadori, Milano, 1994.

ERICH FROMM, *La rivoluzione della speranza*, Bompiani, Milano, 1992.

ERICH FROMM, *Anatomia della distruttività umana*, Mondadori, Milano, 1997.

JOHAN GALTUNG, *I diritti umani in un'altra chiave*, Esperia, Milano, 1997.

JOHAN GALTUNG – DAISAKU IKEDA, *Scegliere la pace*, Esperia, Milano, 1996.

M. K. GANDHI, *Buddismo, Cristianesimo, Islamismo. Le mie considerazioni,* Newton Compton editori, Roma, 1993.

JAMES GLEICK, *Caos. La nascita di una nuova scienza*, Rizzoli, Milano, 2000.

MICHAIL GORBACIOV – DAISAKU IKEDA, *Le nostre vie si incontrano all'orizzonte*, Sperling & Kupfer, Milano, 2000.

BRIAN GREENE, *L'universo elegante*, Einaudi, Torino, 2000.

STEPHEN HAWKING, *Dal Big Bang ai buchi neri*, Rizzoli, Milano, 1988.

JAMES HILLMAN, *L'anima del mondo*, Rizzoli, Milano, 1999.

FRED HOYLE, *L'universo intelligente*, Mondadori, Milano, 1985.

DAISAKU IKEDA, *I misteri di nascita e morte. La visione buddista della vita*, Esperia, Milano, 1998.

DAISAKU IKEDA, *Gli eterni insegnamenti di Nichiren Daishonin*, Esperia, Milano, 1997.

DAISAKU IKEDA, *La Vita, mistero prezioso*, Bompiani, Milano, 1991.

DAISAKU IKEDA, *La saggezza del Sutra del Loto*, vol. 1, Esperia, Milano, 1999.

DAISAKU IKEDA, *I capitoli Hoben e Juryo. Lezioni sui capitoli II e XVI del Sutra del Loto*, Esperia, Milano, 1999.

DAISAKU IKEDA, "Il Buddismo mahayana e la civiltà del XXI secolo", (Testo della conferenza tenuta alla Harward University, Boston, Usa, il 24 settembre 1993), *DuemilaUno*, n. 43, marzo-aprile 1994.

D. IKEDA, M. KIGUCHI, E. SHIMURA, *Buddhism and the cosmos*, Macdonald & co., London, 1985.

DAISAKU IKEDA – AURELIO PECCEI, *Campanello d'allarme per il XXI secolo*, Bompiani, Milano, 1985.

DAISAKU IKEDA – ARNOLD TOYNBEE, *Dialoghi. L'uomo deve scegliere*, Bompiani, Milano, 1988.

CARL G. JUNG, *Psicologia del transfert*, Il Saggiatore, Milano, 1961.

CARL G. JUNG, *Dizionario di psicologia analitica*, Bollati Boringhieri, Torino, 1969.

MARIA IMMACOLATA MACIOTI, *Il Buddha che è in noi*, Edizioni SEAM, Roma, 1996.

CLAUDIO MICHELI (a cura di), *Il Buddismo di Nichiren Daishonin. Profilo storico e principi fondamentali*, Esperia, Milano, 1997.

ROBERTO MINGANTI, *Buddismo*, Giunti Gruppo Editoriale, Firenze, 1996.

GIORGIO NEBBIA, *Lo sviluppo sostenibile*, Edizioni Cultura della pace, Firenze, 1991.

PAOLO FRANCESCO PIERI, *Dizionario Junghiano*, Bollati Boringhieri, Torino, 1998

BERTRAND RUSSELL, *Storia della filosofia occidentale*, Longanesi, Milano, 1983.

CARL SAGAN, *Miliardi e miliardi*, Baldini & Castoldi, Milano, 1998.

IL SUTRA DEL LOTO, Traduzione di Burton Watson, Esperia, *Milano, 1998*.

ALFRED TOMATIS, *Ascoltare l'universo*, Baldini & Castoldi, Milano, 1998.

BRYAN WILSON and KAREL DOBBELAERE, *A Time to Chant. The Soka Gakkai Buddhists in Britain*, Clarendon Press, Oxford, 1994.

indice

5 Un incontro interessante
8 Un po' di storia
11 La Legge dell'universo
14 Nam-myoho-renge-kyo
17 Difficile da credere
21 I tremila mondi
24 Dieci mondi
33 Perché Nam-myoho-renge-kyo?
39 Cento mondi
43 Altri dubbi
48 Mille mondi
51 La rete dei tre ambienti
53 L'inseparabilità del tutto
57 Causa, effetto, destino, karma
63 Il destino nascosto in profondità
66 Vita, morte, vita...
73 La pratica in pratica
79 Lo specchio della vita
81 Noi e gli altri
82 Un'organizzazione per diventare grandi persone comuni
87 Un maestro
89 Il mondo in un chicco di grano
93 Indirizzi
94 Bibliografia